Let's
Start!

新しい日商簿記3級

過去&予想
問題
セレクション

滝澤ななみ著

The Official
Business Skills
Test in
Bookkeeping,
3rd grade

はじめに

●本書の役割

本書は「新しい日商簿記3級テキスト＆問題集」を利用して簿記の学習をした方が、過去問題を通じて解き方を身につけるための本です。

すでにみなさんはテキストを利用して学んでいるので簿記の知識は持っていますが、その知識を答案用紙に反映できるかどうかは別の問題です。

野球で例えると、バットの振り方を知っていることと、そのバットでボールを打てるかどうかは別の問題です。

どのタイミングでバットを振るのか、どのような振り方だとボールが飛ぶかなど、実際に練習してみないと自分の実力を判断することはできません。

簿記もまったく同じで、実際に解くことにより自分の知識の定着度、解くためのスピード、数値を集計するテクニックなどを学ぶことができます。

本書では、そういったインプットした知識を、いかにして上手にアウトプットするかを学びます。

●問題を解くことの意味

よくこういった質問を受けることがあります。

- 日商3級に合格するためには何時間勉強すればいいでしょうか？
- 過去問は何回分解けばいいでしょうか？

正直に言いますと、「わからない」が答えです。

基礎的な知識、学習する時の集中力など、人によって違いますので、明確な回答はありません。

また、過去問題を10回解いて不合格となった方もいれば、3回程度解いて合格した方も大勢います。

ただ、これだけは断言できます。それは、

- 本番を意識した解き方をしているか？
- 間違った部分について、自分なりに分析し、
  同じ間違いを二度としないよう考えながら勉強しているか？

の２点が試験に合格するための重要な要素であり、これこそが合格への近道ということです。

試験に合格するためには、制限時間内に70点とる必要があります。したがって、できる限り本番と同じような条件で問題演習をする必要があります。

例えば、本試験の問題用紙はＡ４の大きさですが、そのサイズの問題用紙に慣れることも必要です。また、問題文のすき間部分に計算過程や目印を記入するなど、どのように工夫すればより効率的に問題が解けるか学ぶこともできます。

次に、総合問題5問のうち、どの順番で解くのが一番効率的なのかの見極めは戦略上、非常に重要です。簡単な問題から解くのが王道ですが、その見極めこそ事前に準備しておかないとできません。

また、総合問題を解く問題の分量ですが、本書では直近の過去問題3回分を含む全7回分を収載しています。

知識をインプットし、その知識を答案用紙に反映させるアウトプットは、繰り返し解くことで知識を「濃く」することができます。

しかし、試験直前になると誰でも焦ってきます。その結果、ネットでの情報などに振り回され、いろいろな教材に手を出した結果、自分の苦手分野を

復習する時間を確保できなくなる。つまり直前に「薄めてしまう」勉強をする方も多数見受けられます。

直前こそ、自分ができる範囲の問題を解き、できなかった箇所につき、なぜ間違ったか、どうすれば間違わないよう解けるのかを意識することが必要です。そして、その知識を忘れないよう反復して復習する必要があります。

本書は7回分の問題を収載しています。7回分解くことで、本試験で出題される頻出論点はほぼカバーできます。7回で不安な方は、まず本書の問題ですべて満点を目指してください。そして、すべて満点を取ることができたら、次の新しい問題を解けばいいのです。便利な時代になり、無料で総合問題を公開しているサイトもありますので、問題に困ることはありません。

実際、一日のすべての時間を簿記の学習に費やせる方はごく少数で、ほとんどの方は、学校での勉強、仕事、自宅の家事などがあり、簿記の学習の時間の確保が難しいと思います。そういった大多数の方々のために、最小限で効率的、かつ効果的な教材を制作しました。

簿記という学問は慣れるまでに時間がかかりますが、できるようになると非常に楽しい学問です。また、社会人として会計の知識は不可欠ですので、みなさんにはぜひ簿記を楽しく学び合格されることを心より願っております。

本書の効果的な使い方

ステップ1：計画を立てる

●本試験の日程から逆算し、学習計画を立てましょう。
●理想としては問題を3回転できるような計画にしましょう。
●問題を解くだけではなく、間違った内容を復習できる時間を作りましょう。
●確保できる時間が少ない場合は解く問題を少なくし、できなかった箇所を復習する時間を優先的に確保しましょう。

ステップ2：過去問題3回分を解く

●時間を計り、本番と同じように問題を解きましょう。
●時間終了後、採点して自分の出来なかった箇所について分析しましょう。
●知識不足で間違った場合は、テキストに戻り内容を確認しましょう。
●知識はあるけど間違った場合、間違いノートを作成し、「なぜ間違ったか」、「どのように解けば良かったのか」を分析して記入しましょう。

ステップ3：間違った箇所の確認

●ステップ2と同様、時間を計り、本番と同じように問題を解きましょう。
●前回、知識不足でできなかった箇所が解けたかどうか確認しましょう。
●間違いノートに記入した部分ができたかどうか確認しましょう。

ステップ4：予想問題4回分を解く

●予想問題についても、同様に解きましょう。
●過去問題より質的、量的に難しい部分もありますので、2時間という与えられた時間で、いかに合格点を獲得できるのかを意識して挑戦しましょう。

目次

日商簿記検定
2020年度試験情報

●第155回 2020年6月14日
●第156回 2020年11月15日
●第157回 2021年2月28日

・検定ホームページアドレス https://www.kentei.ne.jp
・検定情報ダイヤル 03-5777-8600（8:00～22:00 年中無休）

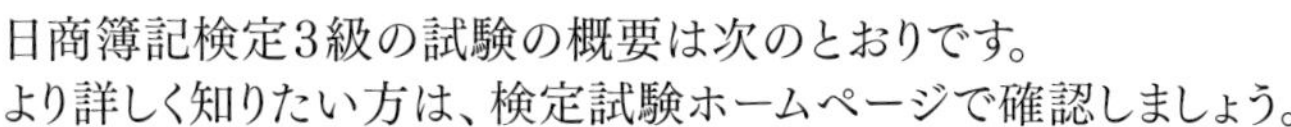

日商簿記検定3級の概要

日商簿記検定3級の試験の概要は次のとおりです。
より詳しく知りたい方は、検定試験ホームページで確認しましょう。

❶日商簿記3級の試験概要

受験資格	特になし
試験日	6月第2日曜日、11月第3日曜日、2月第4日曜日
申込方法	申込期間は(試験の約2か月前から)各商工会議所によって異なります。各商工会議所にお問い合わせください。
受験料	¥2,850(一部の商工会議所では事務手数料がかかります)
試験科目	商業簿記
試験時間	2時間(午前9時開始)
合格基準	70%以上
問い合わせ	各商工会議所 検定試験ホームページ：https://www.kentei.ne.jp/

❷合格率

受験回	受験者数	合格率
146回 (2017年6月)	80,227人	50.9%
147回 (2017年11月)	88,970人	40.3%
148回 (2018年2月)	78,243人	48.9%
149回 (2018年6月)	79,421人	44.3%
150回 (2018年11月)	88,774人	43.8%
151回 (2019年2月)	80,360人	55.1%
152回 (2019年6月)	72,435人	56.1%
153回 (2019年11月)	80,130人	43.1%

日商簿記3級の出題実績

過去3年間の出題実績論点は、次のとおりです。

第1問の出題実績

	146	147	148	149	150	151	152	153	154
現金過不足		●			●				
預金			●	●	●	●	●	●	●
未収入金・未払金	●				●	●	●		
前払金・前受金	●	●						●	
仮払金・仮受金	●						●		●
立替金・預り金									
貸付金・借入金			●	●		●	●	●	
固定資産の購入・売却	●		●	●	●	●	●	●	●
株式の発行							●		
諸掛り		●		●				●	
返品						●			
貸倒れ	●			●					
租税公課・消費税	●				●		●	●	●
旅費交通費	●	●			●	●	●		●
法定福利費								●	
消耗品費						●	●		●
支払利息・受取利息		●	●	●		●			●
再振替仕訳		●							
その他取引			●	●	●	●			●

第2問の出題実績

	146	147	148	149	150	151	152	153	154
現金出納帳・当座預金出納帳									●
仕入帳・売上帳									●
売掛金元帳・買掛金元帳					●	●			●
商品有高帳		●							
勘定記入				●		●		●	
補助簿の選択	●				●		●		
その他論点							●		

第3問の出題実績

		146	147	148	149	150	151	152	153	154
種類	合計試算表						●			
	残高試算表		●	●		●		●	●	●
	合計残高試算表	●			●					
形式	日々の取引	●		●	●		●	●	●	●
	集約取引		●			●				

第4問の出題実績

	146	147	148	149	150	151	152	153	154
伝票	●		●		●		●		
商品有高帳						●		●	
勘定記入		●							
穴埋め問題				●					●
その他論点								●	

第5問の出題実績

		146	147	148	149	150	151	152	153	154
形式	精算表		●			●			●	
	財務諸表	●		●	●		●	●		●
	残高試算表(一部あり)								●	
仕訳	現金過不足	●			●		●	●	●	
	売上原価の計算	●	●	●	●	●	●	●	●	●
	貸倒引当金の設定	●	●	●	●	●	●	●	●	●
	減価償却	●	●	●	●	●	●	●	●	●
	前払費用	●	●	●	●	●	●	●	●	●
	前受収益	●	●	●	●		●			
	未収収益	●								
	未払費用		●	●	●	●		●	●	●
	貯蔵品への振替									
	当座借越の計算								●	
	消費税の計算							●		●
	法人税の計算									●
	未処理事項、修正事項	●	●	●	●	●	●	●	●	●
	その他論点								●	

試験傾向とその対策

ここからは、簿記の全体像と本試験の出題傾向との関係を見てみましょう。
まず、自分が全体をどの部分を学習しているかを意識して学びましょう。
地図も見ないで探検すると迷子になりますよ！

簿記の流れと本試験の関係

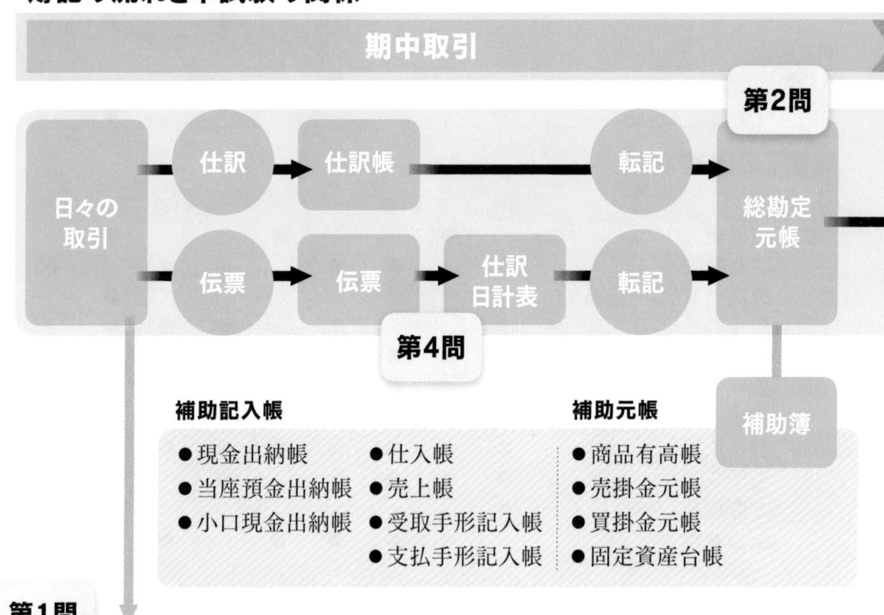

- 商品の仕入れ
- 商品の売上げ
- 掛け取引
- クレジット売掛金
- 商品券による売上げ
- 返品
- 諸掛り
- 前払金と前受金
- 消費税
- 簿記上の現金
- 現金過不足
- 普通預金と定期預金
- 当座預金
- 当座借越
- 小口現金
- 約束手形
- 電子記録債権(債務)
- 貸付金と借入金
- 手形貸付金と手形借入金
- 仮払金と仮受金
- 立替金と預り金
- 未収入金と未払金
- 給料の支払い
- 証ひょうの読み取り
- 貸倒れの処理
- 法定福利費の処理
- 償却債権取立益
- 有形固定資産の購入
- 有形固定資産の売却
- 固定資産の改良・修繕
- 株式会社の設立・増資
- 剰余金の配当・処分
- 消耗品の購入
- 通信費と租税公課
- 訂正仕訳
- 法人税等の計上

第1問対策…取引の仕訳から出題(20点)
第2問対策…主に総勘定元帳・補助簿、勘定の締切から出題(8点〜10点)
第3問対策…試算表の作成から出題(30点)
第4問対策…伝票、勘定の締切などから出題(10点〜12点)
第5問対策…貸借対照表・損益計算書の作成、精算表の作成などから出題(30点)

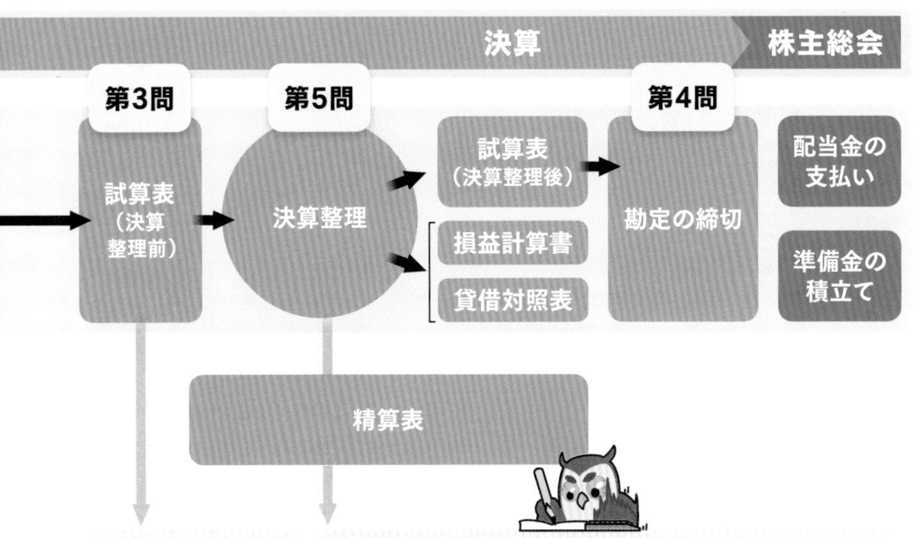

- 合計試算表
- 残高試算表
- 合計残高試算表

- 現金過不足の処理
- 当座借越の振り替え
- 貯蔵品の振り替え
- 売上原価の算定
- 固定資産の減価償却
- 貸倒引当金の設定
- 費用・収益の未払、未収、前払、前受
- 消費税の計算
- 法人税等の計算
- 未処理事項と訂正仕訳

簿記の流れ全体を理解し、総合問題に挑戦しましょう。テキストの問題と総合問題ではレベルに若干のギャップがありますので、総合問題が解けなくて困ることもあるでしょう。そのときは、この全体の流れを思い出し、テキストに戻って復習しましょう。簿記は、この繰り返しこそ上達への近道なのです。

次に、実際に本番で問題を解く際の順番についてのアドバイスです。本試験では制限時間内に合格点を取る必要があるので、合格点を獲得するためのアプローチが必要です。各問の特徴と時間配分、その攻略方法は次のとおりです。

・各問の特徴と時間配分

問題	特徴	時間配分
第1問	●仕訳問題 簡単な仕訳から難しい仕訳まで出題	15分～20分
第2問	●勘定記入、帳簿記入など パターン化している問題が出題されれば取り組みやすい	10分～15分
第3問	●試算表作成問題 問題量が多く集計に時間がかかる	30分～40分
第4問	●伝票、仕訳日計表など パターン化している問題が出題されれば取り組みやすい	10分～15分
第5問	●財務諸表作成、精算表作成など 問題は多いが典型的な内容も多い	30分～40分

・各問の攻略方法

問題	攻略方法
第1問	●最初にとりかかる問題です。試験開始直後で緊張していますので、 時間をかけて、簡単な問題からチャレンジしましょう。 ●勘定科目の記入ミスを防止するため、勘定科目一覧を確認しましょう。
第2問	●第4問と比べて簡単なほうから解きましょう。 ●一見簡単そうな問題でも、解くのに時間がかかる問題は後回しにしましょう。
第3問	●3級では一番分量が多い問題です。配点も30点と多いので、 下書用紙を上手に使いこなして着実に点数を積み重ねましょう。
第4問	●第2問と比べて簡単なほうから解きましょう。 ●新傾向の問題が出題されやすいので、 初めて見る形式の場合は第2問を先に解きましょう。
第5問	●ある程度パターン化された内容が出題されます。 パターン化された内容は確実に得点できるよう準備しておきましょう。

この特徴と時間配分、さらに各問の配点を参考にすると、基本的に次の順序で解くことをおススメします。

第1問

●目標時間…15分
●目標得点…16点／20点

・気持ちを落ち着かせるため、まずは問題文を全部読みましょう

第4問

●目標時間…10分
●目標得点…8点／10点

第2問

●目標時間…10分
●目標得点…8点／10点

・第4問と第2問を比べ、簡単な問題から解きましょう
・難しい問題のときは、第3問のあとに挑戦しましょう

第5問

●目標時間…30分
●目標得点…24点／30点

第3問

●目標時間…40分
●目標得点…24点／30点

・満点を目指すのではなく、簡単な問題から解きましょう
・第3問が終わったあと、残りの時間で転記ミスの確認、解けなかった問題に挑戦しましょう

続いて、問題ごとの出題の傾向と対策、その内容について詳しく見ていきます。まずは第1問の仕訳問題から！

第1問対策

仕訳問題が出題される第1問。
いきなり問1から解き始めるのではなく、まずは勘定科目の一覧を確認し、問題文を全部読み、確実に解ける問題から解いて緊張をほぐしましょう！

出題傾向

- 仕訳問題で問題数は5題です
- 配点は20点です
- 仕訳に必要な勘定科目は全て勘定科目欄にあります
- 簡単な仕訳問題から難しい内容までレベルはさまざまです

第１問（20点）

下記の各取引について仕訳しなさい。ただし、勘定科目は、次の中から最も適当と思われるものを選び、正確に記入すること。

普通預金	当座預金	受取手形	売掛金	立替金
仮払金	手形貸付金	建物	備品	土地
支払手形	買掛金	未払金	手形借入金	資本金
給料	消耗品費	旅費交通費	租税公課	支払利息

1．建物および土地の固定資産税￥500,000の納付書を受け取り、未払金に計上することなく、ただちに当座預金口座から振り込んで納付した。
2．かねて手形を振り出して借り入れていた￥1,000,000の返済期日をむかえ、同額が当座預金口座から引き落とされるとともに、手形の返却を受けた。
3．従業員が出張から帰社し、旅費の精算を行ったところ、あらかじめ概算額で仮払いしていた￥50,000では足りず、不足額￥25,000を従業員が立替払いしていた。なお、この不足額は次の給料支払時に従業員へ支払うため、未払金として計上した。
4．１株当たり￥100,000で15株の株式を発行し、合計￥1,500,000の払込みを受けて株式会社を設立した。払込金はすべて普通預金口座に預け入れられた。
5．事務用のオフィス機器￥550,000とコピー用紙￥5,000を購入し、代金の合計を普通預金口座から振り込んだ。

問題に勘定科目が与えられているのも大きなヒントになります。こういったヒントも見逃さないようにしましょう。

次に、第1問の出題内容です。第1問の仕訳問題はさまざまな仕訳が出題されますが、特に試験に出題されやすい仕訳は次のとおりです。少なくともこの仕訳は完璧にマスターしておきましょう。

出題内容

- 小口現金に関する処理
- 内容不明の入金
- 入金内容の判明と雑損処理
- 現金過不足の雑損処理
- 預金口座の振替
- 債権の貸倒れ
- クレジット売掛金に関する処理
- 手付金の受取り、支払い
- 商品券に関する処理
- 貯蔵品への振替
- 旅費の概算払い
- 法人税の中間納付
- 固定資産の購入と付随費用
- 固定資産の売却
- 固定資産の改良、修繕
- 貸付金の回収と利息の処理
- 借入金の返済と利息の処理
- 会社設立時の処理
- 増資時の処理
- 剰余金の配当・処分の処理
- 売上返品・仕入返品に関する処理
- 売上諸掛りに関する処理
- 仕入諸掛りに関する処理
- 消耗品の購入に関する処理
- 法定福利費に関する処理
- 給料支払時の処理
- 消費税に関する処理
- 法人税の決算時に関する処理
- 損益勘定への振り替え
- 再振替仕訳

第1問の試験対策です。

第1問は試験開始の合図の後、最初に解き始める問題ですので第1問への取り組みは大変重要です。まずは深呼吸をして、次の内容を意識しながら解きましょう。

試験対策

- 第1問の解答時間をあらかじめ決めておきましょう（15分～20分程度）
- 過去に出題されたパターンで、自信がある場合は早めに挑戦しましょう
- 問題文が長い問題は、後回しにしましょう
- 下書用紙に仕訳を丁寧に書きながら解きましょう。特に利息の日割計算、減価償却費の計算などは間違いやすいので注意しましょう

第2問対策

第2問の出題傾向です。
受験生にとってはここからが合否への分かれ道！
ゴールまで正しい順路を目指しているか考えながら進みましょう！

出題傾向

- 勘定への記入、補助簿への記入、補助簿の選択問題などが出題されます
- 配点は8点〜10点です

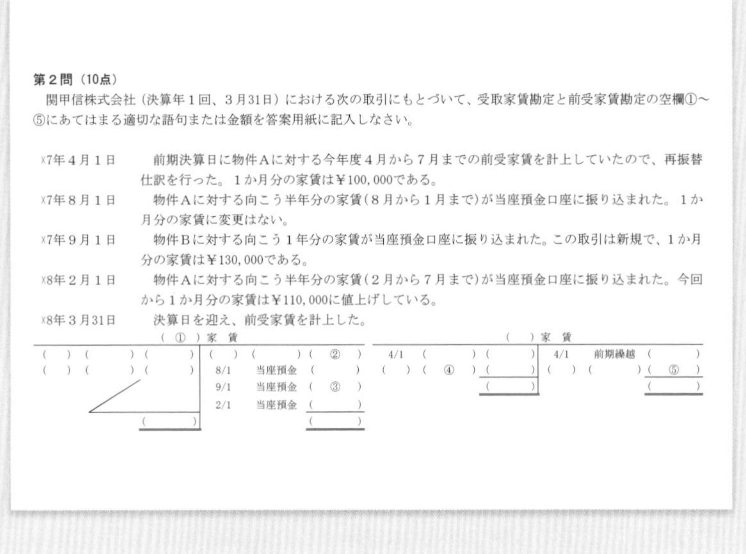

第２問（10点）

関甲信株式会社（決算年１回、３月31日）における次の取引にもとづいて、受取家賃勘定と前受家賃勘定の空欄①〜⑤にあてはまる適切な語句または金額を答案用紙に記入しなさい。

x7年４月１日　前期決算日に物件Ａに対する今年度４月から７月までの前受家賃を計上していたので、再振替仕訳を行った。１か月分の家賃は¥100,000である。

x7年８月１日　物件Ａに対する向こう半年分の家賃（８月から１月まで）が当座預金口座に振り込まれた。１か月分の家賃に変更はない。

x7年９月１日　物件Ｂに対する向こう１年分の家賃が当座預金口座に振り込まれた。この取引は新規で、１か月分の家賃は¥130,000である。

x8年２月１日　物件Ａに対する向こう半年分の家賃（２月から７月まで）が当座預金口座に振り込まれた。今回から１か月分の家賃は¥110,000に値上げしている。

x8年３月31日　決算日を迎え、前受家賃を計上した。

（ ① ）家　賃

（　）	（　）	（　）	（　）	（　）	（ ② ）
（　）	（　）	（　）	8/1	当座預金	（　）
			9/1	当座預金	（ ③ ）
			2/1	当座預金	（　）
		（　）			（　）

（　）家　賃

4/1	（　）	（　）	4/1	前期繰越	（　）
（　）	（ ④ ）	（　）	（　）	（　）	（ ⑤ ）
		（　）			（　）

第2問は、次の内容が比較的多く出題されています。勘定記入は一見簡単そうですが、間違いやすいので注意が必要です。なお、2019年4月から出題範囲となった固定資産台帳の出題にも対応できるよう準備しておきましょう。

出題内容

- 勘定への記入
- 売掛金元帳、買掛金元帳
- 補助簿の選択
- 商品有高帳
- 処理方法の変更
- 固定資産台帳

第2問の試験対策です。

第2問は配点が8点～10点程度の問題ですので、新傾向の問題、分量が多い問題が出題された場合は第3問、第5問から解きましょう。なお、見慣れない問題が出題されたとしても部分点を稼ぐことはできますので、決してあきらめないようにしましょう。

試験対策

- 第2問の解答時間をあらかじめ決めておきましょう(10分～15分程度)
- 過去に出題されたパターンで、想定時間内で解く
  自信がある場合は早めに挑戦しましょう
- 新出題傾向の問題、簡単な問題だけど問題量が
  多いと判断した場合、後回しにしましょう
- 下書用紙に仕訳を丁寧に書いて考えましょう。特に、補助簿の選択の場合、
  下書用紙に仕訳に記入することでケアレスミスを防止できます

第3問対策

正念場の第3問です。
問題量が多く、この第3問ができないと合格が厳しくなります。
しかし、内容自体は易しいものも数多く出題されるので、
慌てず、急いで、正確な処理を心がけましょう。

出題傾向

- 合計試算表、残高試算表、合計残高試算表のいずれか出題されます
- 試算表の作成と共に、掛明細表の作成問題が出題されることもあります
- 配点は30点です

第３問（30点）
次の［資料1］および［資料2］にもとづいて、答案用紙の×1年９月30日の残高試算表を作成しなさい。

［資料1］　×1年８月31日の残高試算表

残高試算表
×1年８月31日

借方	勘定科目	貸方
344,000	現金	
1,359,000	当座預金	
650,000	受取手形	
780,000	クレジット売掛金	
75,000	前払金	
360,000	繰越商品	
300,000	貸付金	
600,000	備品	
200,000	差入保証金	
	支払手形	376,000
	買掛金	529,000
	所得税預り金	20,000
	貸倒引当金	40,000
	備品減価償却累計額	180,000
	資本金	1,500,000
	繰越利益剰余金	968,000
	売上	7,600,000
3,300,000	仕入	
1,600,000	給料	
430,000	水道光熱費	
1,000,000	支払家賃	
129,000	支払手数料	
86,000	消耗品費	
11,213,000		11,213,000

［資料2］　×1年９月中の取引

１日　貸付金￥300,000 の満期日になり、元利合計が当座預金口座に振り込まれた。なお、貸付利率は年４％、貸付期間は３か月であり、利息は月割計算する。

２日　商品￥240,000 を仕入れ、代金のうち￥75,000 は注文時に支払った手付金と相殺し、残額は掛けとした。

問題文の量に圧倒されず、答案用紙もきちんと確認しましょう。答案用紙に答えのヒントがあることもあります。

出題形式は日々の取引を集計する形式と、取引ごとの資料から集計する形式があります。なお、取引ごとの資料から集計する場合、取引が各項目にまたがっていますので、二重に金額を集計しないよう注意しましょう。

出題内容

- 合計試算表(日々の取引資料)
- 合計試算表(集約取引)
- 残高試算表(日々の取引)
- 残高試算表(集約取引)
- 合計残高試算表(日々の取引)
- 合計残高試算表(集約取引)

第3問の試験対策です。

第3問は配点が30点の問題ですので、合格するために少なくても7割は解けるように準備しておきましょう。第3問は努力の成果が発揮される問題ですので、がんばりましょう。

試験対策

- 第3問の解答時間をあらかじめ決めておきましょう(30分〜40分程度)
- まずは問題文の全体を読みましょう。そして、固定資産の購入や貸倒れなど、その取引の仕訳のみで解答可能な取引がある場合、その取引から先に答案用紙に記入しましょう
- 当座預金や売掛金など、頻繁に使用する勘定科目の場合、すべての取引が正解しないと正解になりませんので、丁寧に下書用紙に記入して集計ミスが発生しないよう注意しましょう
- 貸借が一致しなかった場合は次の問題に進み、最後に時間が余ったら間違っている仕訳を探しましょう

第4問対策

第4問の出題傾向です。
第4問は配点が10点～12点の問題です。
第2問と第4問を比べ、解きやすい方から解きましょう。

出題傾向

- 伝票の起票、仕訳日計表の作成、
  文章の穴埋め問題など、様々なパターンが出題されます
- 配点は10点～12点です
- パターン化された問題が基本的に出題されますが、
  新傾向の問題を出題する可能性もあります

第4問（10点）

次の各取引の伝票記入について、空欄①～⑤にあてはまる適切な語句または金額を答えなさい。ただし、当社では3伝票制を採用している。また、全額を掛取引として起票する方法と取引を分解して起票する方法のいずれを採用しているかについては、取引ごとに異なるため、各伝票の記入から各自判断すること。

⑴　商品を¥500,000で売り上げ、代金のうち¥50,000については現金で受け取り、残額は掛けとした。

（　①　）伝　票	
科　目	金　額
（　　）	（　②　）

振　替　伝　票			
借方科目	金　額	貸方科目	金　額
（　③　）	500,000	売　上	500,000

⑵　商品を¥300,000で仕入れ、代金のうち¥30,000については現金で支払い、残額は掛けとした。

（　　）伝　票	
科　目	金　額
仕　入	（　　）

振　替　伝　票			
借方科目	金　額	貸方科目	金　額
（　④　）	（　　）	（　　）	（　⑤　）

基本的には伝票の穴埋め問題、仕訳日計表に関する問題が出題されています。また、それに次いで文章の空欄補充問題が出題されています。

第4問対策

出題内容

- 伝票
- 伝票からの仕訳日計表
- 文章の穴埋め問題
- 商品有高帳
- 勘定への記入

第4問の試験対策です。

第4問は解きやすい問題が出やすい傾向ですので、得点できるよう準備しておきましょう。ただし、新傾向の問題が出題された場合、問題文を読んで解き方がすぐに思い浮かばなければ、他の問題から取り組みましょう。

試験対策

- 第4問の解答時間をあらかじめ決めておきましょう(30分～40分程度)
- 過去に出題されたパターンで、想定時間内で解く自信がある場合は早めに挑戦しましょう
- 第4問と第2問を必ず比較し、解きやすい問題から挑戦しましょう。
- 過去の出題実績では伝票、伝票からの仕訳日計表の作成が多く出題されています この論点については必ずマスターしておきましょう

第5問対策

最後に、第5問の出題傾向です。
第5問は第3問と同様、配点が30点の問題です。第3問よりボリュームは少なく、毎回出題される論点もありますので、第5問から挑戦することをおススメします。

出題傾向

- 財務諸表の作成問題、精算表の作成問題が出題されています
- 配点は30点です
- 今後、決算整理後残高試算表の作成に関する問題が出題される可能性もあります

第５問（30点）

次の（1）決算整理前残高試算表と（2）決算整理事項等にもとづいて、答案用紙の貸借対照表と損益計算書を完成しなさい。消費税の仮受け・仮払いは、売上取引・仕入取引のみで行うものとし、（2）決算整理事項等の７．以外は消費税を考慮しない。なお、会計期間は×1年４月１日から×2年３月31日までの１年間である。

（1）

決算整理前残高試算表

借　方	勘定科目	貸　方
183,000	現金	
577,000	当座預金	
491,000	売掛金	
200,000	繰越商品	
240,000	仮払消費税	
1,200,000	備品	
2,700,000	土地	
	買掛金	593,000
	借入金	400,000
	仮受消費税	440,000
	貸倒引当金	300
	備品減価償却累計額	375,000
	資本金	2,000,000
	繰越利益剰余金	1,521,700
	売上	5,500,000
3,000,000	仕入	
1,800,000	給料	
300,000	支払家賃	
41,000	水道光熱費	
62,000	通信費	
24,000	保険料	
12,000	支払利息	
10,830,000		10,830,000

（2）決算整理事項等

1．現金の実際有高は¥179,000であった。帳簿残高との差額のうち¥2,100は通信費の記入漏れであることが判明したが、残額は不明のため、雑損または雑益として記載する。
2．売掛代金の当座預金口座への入金¥62,000の取引が、誤って借方・貸方ともに¥26,000と記帳されていたので、その修正を行った。
3．当月の水道光熱費¥3,500が当座預金口座から引き落とされていたが、未処理であった。
4．売掛金の期末残高に対して２%の貸倒引当金を差額補充法により設定する。
5．期末商品棚卸高は¥174,000である。
6．備品について、残存価額をゼロ、耐用年数を８年とする定額法により減価償却を行う。
7．消費税の処理（税抜方式）を行う。
8．借入金は×1年６月１日に借入期間１年、利率年６%で借り入れたもので、利息は11月末日と返済日に６か月分をそれぞれ支払うことになっている。利息の計算は月割による。
9．支払家賃のうち¥150,000は×1年11月１日に向こう６か月分を支払ったものである。そこで、前払分を月割により計上する。

第5問では財務諸表の作成、精算表の作成など決算に関する論点が問われます。仕訳自体は典型的な仕訳が多く出題されますが、答案用紙への記入に時間がかかりますので、時間配分も合否に影響を与えます。

出題論点

- 財務諸表の作成　●精算表の作成　●決算整理後残高試算表の作成

次に、出題内容については、次の内容が出題されます。毎回出題される内容もありますので、必ずマスターしておきましょう。

出題内容

- 現金過不足の処理
- 当座借越の振り替え
- 貯蔵品の振り替え
- 売上原価の算定
- 固定資産の減価償却
- 貸倒引当金の設定
- 費用・収益の未払い、未収、前払い、前受け
- 消費税の計算
- 法人税の計算
- 未処理事項と訂正仕訳

第5問の試験対策です。

第5問は決算整理事項を中心に出題され、売上原価の算定、貸倒引当金の設定、減価償却、経過勘定の処理に関しては毎回出題されますので、解答できるよう準備しておきましょう。

試験対策

- 第5問の解答時間をあらかじめ決めておきましょう（30分〜40分程度）
- まずは問題文の全体を読みましょう。そして、取引の未処理事項、取引の修正仕訳が問われていたら、その取引から先に処理しましょう
- そして、上記の処理が終わったら、売上原価の算定、貸倒引当金の設定、減価償却費の計算、経過勘定の処理など典型的な問題を解きましょう
- 貸借が一致しなかった場合、そのまま次の問題に進み、最後に時間が余ったら間違っている仕訳を探しましょう

試験直前の学習方法

ここでは、試験直前の学習方法についてアドバイスします。
ラストスパートで試験の合否は大きく変わりますので、直前の時期は大切に過ごしてくださいね。まず、直前期でのテキストの活用方法です。

直前期のテキストの活用方法

- テキストに書いてある仕訳の総確認と継続的な復習
- 自分が苦手とする頻出論点の継続的な復習

簿記は「仕訳に始まり、仕訳で終わる」と言われるほど仕訳が重要です。したがって、理解が曖昧な仕訳に関してはこの時点でピックアップしておきましょう。次に、仕訳と同じように苦手としている内容も一緒にピックアップしておきましょう。そして、覚えるまで「毎日」復習しましょう。言うのは簡単ですが、毎日復習するのは結構大変ですね。

ただ、毎日机に向かって復習するわけではありません。例えば、

・曖昧な箇所に付箋を貼り、スキマ時間で確認

・該当箇所を携帯で写真に撮り、スキマ時間で確認

といった方法でも大丈夫です。まずは「苦手意識」を克服しましょう。スキマ時間で眺めているだけでもかなり違いますので、こういった学習を習慣化しましょう。

次は、直前期の問題の解き方です。これは試験の結果に直結しますので、是非挑戦してください。

直前期の問題の解き方

- 本番と同じように2時間で解く
- 解いている途中で解説を読まない
- 出来なかった問題は、翌日に復習する

問題が解けないから途中で諦めて解説を確認することはやめましょう。解答を見てしまうと、本番で初めて見る問題に対処できなくなります。与えられた条件の中で考え抜くことも大切です。そして、できなかった問題は翌日に必ず復習しましょう。

解答・解説

本書の解答例、配点は著者が作成したものであり、試験実施団体より公式に発表されたものではありません。

第1回 予想問題 解答・解説

	第1問	第2問	第3問	第4問	第5問	合計
目標点	16点	10点	27点	10点	24点	87点
1回目	点	点	点	点	点	点
2回目	点	点	点	点	点	点

解く順番とアドバイス

第1問	問題文全体を読み、一番簡単な問題から解きましょう。
第2問	満点が狙えるレベルです。落ち着いて解きましょう。
第4問	満点が狙えるレベルです。落ち着いて解きましょう。
第5問	貸借対照表と損益計算書が一致しない場合、そこで止まらず先に進みましょう。
第3問	集計に時間がかからない解答から答えを埋めていきましょう。

第1問	配点20点　目標点16点

・まずは、比較的簡単な問1、問2から解きましょう。
・勘定科目名がわからない場合、勘定科目一覧もヒントになりますので確認しましょう。
・問5は証ひょうをよく確認し、どの時点の取引なのかを確認しましょう。

解答（仕訳1組につき各4点）

	仕		訳	
	借方科目	金額	貸方科目	金額
1	**土地**	**15,260,000**	**未払金** **普通預金**	**15,180,000** **80,000**
2	**差入保証金** **支払手数料**	**315,000** **157,500**	**当座預金**	**472,500**
3	**借入金** **支払利息**	**1,800,000** **22,500**	**普通預金**	**1,822,500**
4	**仮受金**	**300,000**	**売掛金** **前受金**	**190,000** **110,000**
5	**未払法人税等**	**850,000**	**普通預金**	**850,000**

1．固定資産 － 購入時

1．新規出店のため土地 300㎡を１㎡あたり￥50,000 で購入し、購入手数料￥180,000 を含む代金の全額を後日支払うこととした。また、この土地の整地費用￥80,000 を普通預金口座より支払った。

・固定資産の取得原価は、固定資産の代金に購入手数料や整地費用などの付随費用を含めます。

土　　地	：50,000 円×300㎡＋180,000 円＋80,000 円＝**15,260,000 円**
未 払 金	：50,000 円×300㎡＋180,000 円＝**15,180,000 円**
普通預金	：問題文より **80,000 円**

2．敷金と仲介手数料

2．新規出店のためにビルの１階部分を１か月あたり￥315,000 にて賃借する契約を結び、敷金を家賃１か月分、不動産業者に対する仲介手数料（家賃の 0.5 か月分）を、小切手を振り出して支払った。

・敷金は、基本的には解約時に返金されますので**差入保証金（資産）**の増加として処理します。
・仲介手数料は、**支払手数料（費用）**として処理します。

差入保証金	：315,000 円×１か月＝**315,000 円**
支払手数料	：315,000 円×0.5 か月＝**157,500 円**
当座預金	：315,000 円＋315,000 円×0.5 か月＝**472,500 円**

3．借入金 － 返済時

3．取引銀行から短期資金として￥1,800,000 を借入れていたが、支払期日が到来したため、元利合計を普通預金から返済した。なお、借入れにともなう利率は年 1.5%、借入期間は当期中の 10 か月であった。

・元利合計とは元金 1,800,000 円と利息の合計金額です。
・借入期間は 10 か月のため、**支払利息（費用）**については月割計算します。

借　入　金	：問題文より **1,800,000 円**
支 払 利 息	：1,800,000 円 × 1.5% × $\frac{10か月}{12か月}$ = **22,500 円**
普 通 預 金	：1,800,000 円 + 22,500 円 = **1,822,500 円**

4．内容不明の入金 － 原因判明時

4．従業員が出張から戻り、さきの当座預金口座への¥300,000 の入金は、得意先秋田商事からの売掛金¥190,000 の回収および得意先青森商事から受け取った手付金¥110,000 であることが判明した。なお、入金時には内容不明の入金として処理してある。

・入金時に**仮受金（負債）**で処理をしているため、原因判明時に仮受金勘定の減少として処理します。

【入金時の仕訳】

（当　座　預　金）	300,000	（仮　　受　　金）	300,000

仮　受　金	：問題文より **300,000 円**
売　掛　金	：問題文より **190,000 円**
前　受　金	：問題文より **110,000 円**

5．法人税 － 確定申告（証ひょう）

5．以下の納付書にもとづき、当社の普通預金口座から法人税を振り込んだ。

・問題文からはこの取引が中間納付か確定申告かが判断できませんので、領収証書の記載内容より確定申告時の支払いと判断します。
・決算時に**未払法人税等（負債）**が計上されているため、確定申告時にその金額を納付して未払法人税等の減少として処理します。

未払法人税等	：領収証書より **850,000 円**
普 通 預 金	：問題文より **850,000 円**

第 2 問	配点 10 点　目標点 10 点

・まずは会計期間を確認しましょう（本問はX3 年4月1日～ X4 年3月 31 日）。
・問題より備品に関する処理の一連の流れを問われていることを確認しましょう。
・会計期間を間違えないように、タイムテーブルを記入して解きましょう。

解答（各2点）

①	②	③	④	⑤
3,700,000	**960,000**	**1,600,000**	**800,000**	**減価償却費**

解説

1．全体像の把握

備品の購入時から当年度末までをタイムテーブルで表すと、次のようになります。したがって、前期繰越額の計算、期中取引、次期繰越額の計算という順番で計算します。

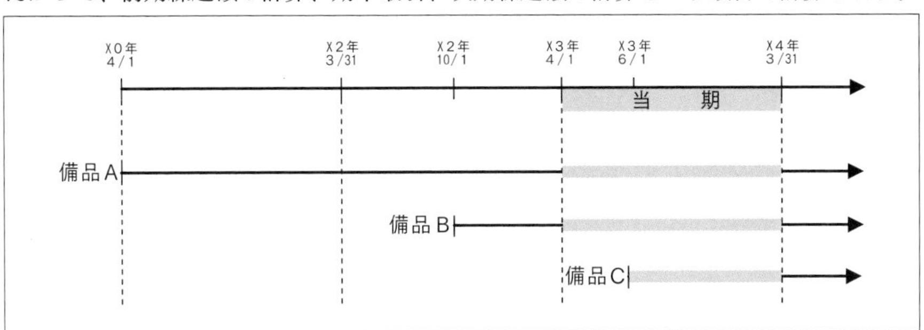

2．前期繰越額の計算

（1）備品勘定

X3 年４月１日の時点で保有している備品の合計額となります。

備　品　A　：固定資産台帳より **2,500,000 円**
備　品　B　：固定資産台帳より **1,200,000 円**
合計 **3,700,000 円**（①）

（2）備品減価償却累計額勘定

備品勘定と同様、X3 年４月１日の時点で保有している備品の合計額となります。

備　品　A　：固定資産台帳より **1,500,000 円**
備　品　B　：固定資産台帳より **100,000 円**
合計 **1,600,000 円**（③）

3．期中取引の計算

当期の６月１日に備品Cを購入しているため、次の仕訳をします。

（備　　　品）	960,000	（当　座　預　金）	960,000

備　品　C　：備品勘定 960,000 円（②）

4．減価償却費の計算

当期末に保有している備品の減価償却を行い、減価償却費を計算します。

（減　価　償　却　費）	800,000	（備品減価償却累計額）	800,000

備　品　A　：固定資産台帳より 500,000 円
備　品　B　：固定資産台帳より 200,000 円
備　品　C　：固定資産台帳より 100,000 円
合計 800,000 円（④）

なお、備品減価償却累計額勘定の相手科目は、**減価償却費**（⑤）になります。
最後に、問題の資料をまとめると、次のようになります。

［資料］

固　定　資　産　台　帳

X4年3月31日現在

取得年月日	名称等	期末数量	耐用年数	期首（期中取得）取得原価	期首減価償却累計額	差引期首（期中取得）帳簿価額	当期減価償却費
備品							
X0年４月１日	備品A	1	5年	① 2,500,000	③ 1,500,000	1,000,000	500,000
X2年10月１日	備品B	1	6年	1,200,000	100,000	1,100,000	200,000
X3年６月１日	備品C	1	8年	② 960,000	0	960,000	100,000
小　　計				4,660,000	1,600,000	3,060,000	④ 800,000

備　　品

日付			摘　要	借　方	日付			摘　要	貸　方
X3	4	1	前期繰越	（①3,700,000）	X4	3	31	次期繰越	（　4,660,000）
	6	1	当座預金	（②　960,000）					
				（　4,660,000）					（　4,660,000）

備品減価償却累計額

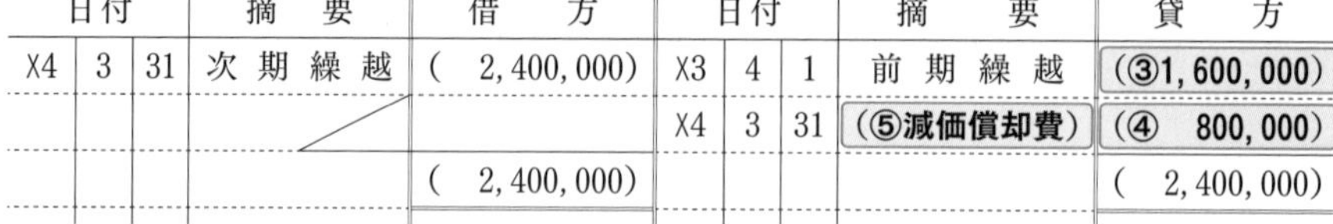

日付			摘　要	借　方	日付			摘　要	貸　方
X4	3	31	次期繰越	（　2,400,000）	X3	4	1	前期繰越	（③1,600,000）
					X4	3	31	（⑤減価償却費）	（④　800,000）
				（　2,400,000）					（　2,400,000）

第３問	配点 30 点　目標点 27 点

・本問は日々の取引からの残高試算表を作成する問題です。
・現金取引や掛取引など期中取引で頻繁に行われる取引については、集計ミスをしないよう注意して下書き用紙にまとめましょう。

解答（●数字につき配点）

残高試算表

借方	勘定科目	貸方
300,500	現金	
❸ 244,500	当座預金	
771,000	受取手形	
❸ 1,164,000	売掛金	
349,500	繰越商品	
10,000	前払金	
30,000	立替金	
❸ 40,000	仮払金	
1,180,000	備品	
1,200,000	土地	
800,000	貸付金	
	支払手形	360,000
	買掛金	❸ 540,000
	所得税預り金	69,000
	社会保険料預り金	❸ 35,000
	未払金	220,000
	備品減価償却累計額	374,000
	資本金	1,000,000
	繰越利益剰余金	330,000
	売上	❸ 6,580,000
	受取利息	40,000
❸ 2,000,000	仕入	
1,130,000	給料	
165,500	旅費交通費	
❸ 115,000	法定福利費	
❸ 43,000	減価償却費	
❸ 5,000	（**貸倒損失**）	
9,548,000		9,548,000

解説 

1．全体像の把握

問題文と答案用紙を確認すると、現金勘定や売掛金勘定のような複数の取引の仕訳を行わないと解答できない箇所がある一方、一日の仕訳のみで解答可能な箇所もあります。従って、問題文の先頭から解くのではなく、解答し易い箇所から解答し得点を重ねていきましょう。

2．期中取引の処理

（1）3日の仕訳（商品の仕入れ）

仕入諸掛りは当社負担のため**仕入（費用）**に含めて処理します。

借方	金額	貸方	金額
（仕　　入）	255,000	（前　払　金）	40,000
		（買　掛　金）	210,000
		（現　　金）	5,000

仕　　入　：250,000円＋5,000円＝**255,000円**
買　掛　金　：250,000円－40,000円＝**210,000円**

（2）4日の仕訳（商品の売上げ）

問題文の指示により、売上諸掛りは**売掛金（資産）**に含めて処理します。

借方	金額	貸方	金額
（売　掛　金）	556,000	（売　　上）	550,000
		（現　　金）	6,000

売　掛　金　：550,000円＋6,000円＝**556,000円**

（3）6日の仕訳（約束手形の決済）

約束手形の支払期日が到来したので、**支払手形（負債）**の減少として処理します。

借方	金額	貸方	金額
（支　払　手　形）	100,000	（当　座　預　金）	100,000

（4）10日の仕訳（社会保険料の支払い）

社会保険料の会社負担額は**法定福利費（費用）**で処理します。

借方	金額	貸方	金額
（社会保険料預り金）	25,000	（現　　金）	50,000
（法　定　福　利　費）	25,000		

現　　金　：25,000円＋25,000円＝**50,000円**

（5）14日の仕訳（商品の仕入れ）

先方負担の仕入諸掛りは、問題文の指示により**立替金（資産）**で処理します。

借方	金額	貸方	金額
（仕　　入）	250,000	（支　払　手　形）	250,000
（立　替　金）	2,000	（現　　金）	2,000

（6）16日の仕訳（仮払金の精算）

旅費交通費の精算は、事前に概算払いをしていた**仮払金（資産）**の減少として処理します。

（現　　　　金）	4,500	（仮　払　金）	25,000
（旅 費 交 通 費）	20,500		

旅 費 交 通 費　：25,000円－4,500円＝**20,500円**

（7）17日の仕訳（商品の売上げ）

当社が以前に振り出した小切手を受け取っているので**当座預金（資産）**の増加として処理します。また、問題文の指示により、売上諸掛りは**売掛金（資産）**に含めて処理します。

（当　座　預　金）	200,000	（売　　　　上）	400,000
（売　掛　金）	203,000	（現　　　　金）	3,000

売　掛　金　：200,000円＋3,000円＝**203,000円**

（8）19日の仕訳（備品の購入）

商品以外の資産を購入したので、**未払金（負債）**の増加として処理します。

（備　　　　品）	200,000	（未　払　金）	200,000

（9）20日の仕訳（約束手形の受取り）

約束手形を受け取っているため、**受取手形（資産）**の増加として処理します。

（受　取　手　形）	180,000	（売　　　　上）	180,000

（10）21日の仕訳（利息の受取り）

貸付金にかかる利息は**受取利息（収益）**で処理します。

（当　座　預　金）	5,000	（受　取　利　息）	5,000

（11）22日の仕訳（掛代金の回収）

（当　座　預　金）	150,000	（売　掛　金）	150,000

（12）23日の仕訳（掛代金の支払い）

（買　掛　金）	90,000	（当　座　預　金）	90,000

(13) 25日の仕訳（給料の支払い）

所得税の源泉徴収分は**所得税預り金（負債）**の増加として処理します。また、社会保険料の従業員負担分については**社会保険料預り金（負債）**で処理します。

借方	金額	貸方	金額
（給　　料）	350,000	（所得税預り金）	18,000
		（社会保険料預り金）	35,000
		（当座預金）	297,000

当座預金　：350,000円－18,000円－35,000円＝**297,000円**

(14) 27日の仕訳（仮払金の支払い）

出張旅費の概算払いは**仮払金（資産）**の増加として処理します。

借方	金額	貸方	金額
（仮払金）	40,000	（現　　金）	40,000

(15) 29日の仕訳（貸倒れ）

前年度の売掛金が貸し倒れた場合、貸倒引当金を設定している場合は**貸倒引当金**を取り崩して充当します。なお、貸倒引当金の金額が不足している場合は、その不足額については**貸倒損失（費用）**として処理します。

借方	金額	貸方	金額
（貸倒引当金）	65,000	（売掛金）	70,000
（貸倒損失）	5,000		

貸倒損失　：70,000円－65,000円＝**5,000円**

(16) 31日の仕訳（減価償却）

備品の**減価償却費（費用）**を月額分計上します。

借方	金額	貸方	金額
（減価償却費）	7,000	（備品減価償却累計額）	7,000

3．残高試算表の作成

期中取引を集計し、残高試算表を作成します。残高試算表の数値は次のように集計します。

（1）損益計算書項目

売上	5,450,000円＋550,000円＋400,000円＋180,000円＝**6,580,000円**
受取利息	35,000円＋5,000円＝**40,000円**
仕入	1,495,000円＋255,000円＋250,000円＝**2,000,000円**
給料	780,000円＋350,000円＝**1,130,000円**
旅費交通費	145,000円＋20,500円＝**165,500円**
法定福利費	90,000円＋25,000円＝**115,000円**
減価償却費	36,000円＋7,000円＝**43,000円**
貸倒損失	**5,000円**

（2）貸借対照表項目

現　　　　金	402,000円－5,000円－6,000円－50,000円－2,000円＋4,500円－3,000円－40,000円＝**300,500円**
当　座　預　金	376,500円－100,000円＋200,000円＋5,000円＋150,000円－90,000円－297,000円＝**244,500円**
受　取　手　形	591,000円＋180,000円＝**771,000円**
売　　掛　　金	625,000円＋556,000円＋203,000円－150,000円－70,000円＝**1,164,000円**
繰　越　商　品	**349,500円**
前　　払　　金	50,000円－40,000円＝**10,000円**
立　　替　　金	28,000円＋2,000円＝**30,000円**
仮　　払　　金	25,000円－25,000円＋40,000円＝**40,000円**
備　　　　品	980,000円＋200,000円＝**1,180,000円**
土　　　　地	**1,200,000円**
貸　　付　　金	**800,000円**
支　払　手　形	210,000円－100,000円＋250,000円＝**360,000円**
買　　掛　　金	420,000円＋210,000円－90,000円＝**540,000円**
所得税預り金	51,000円＋18,000円＝**69,000円**
社会保険料預り金	25,000円－25,000円＋35,000円＝**35,000円**
未　　払　　金	20,000円＋200,000円＝**220,000円**
備品減価償却累計額	367,000円＋7,000円＝**374,000円**
資　　本　　金	**1,000,000円**
繰越利益剰余金	**330,000円**

第 4 問	配点 10 点　目標点 10 点

・本問は仕訳日計表からの出題です。
伝票に関する問題は、入金伝票、出金伝票、振替伝票の見方を理解していれば満点が狙えますので、丁寧に仕訳をしながら解きましょう。

解答（●数字につき配点）

問1

仕訳日計表
X1 年 12 月 1 日

借方	勘定科目	貸方
❷ 260,000	現金	155,500
40,000	受取手形	
160,000	売掛金	❷ 145,000
❷ 128,500	買掛金	260,000
	売上	300,000
	受取手数料	15,000
260,000	仕入	
27,000	旅費交通費	
875,500		875,500

現金

日付	摘要	金額	日付	摘要	金額
12/1	前月繰越	210,000	12/1	仕訳日計表	(❷ 155,500)
〃	仕訳日計表	(260,000)			

問2

埼玉商事に対する売掛金残高

¥ ❷ 75,000

解説

1．全体像の把握

本問の構成は、仕訳日計表の作成、現金勘定の作成、埼玉商事に対する売掛金残高の計算となります。

したがって、まずは各伝票の仕訳の際に、埼玉商事の仕訳のみ集計しやすいよう工夫して集計しましょう。

2．各伝票の処理

（1）入金伝票

入金伝票は、借方を**現金（資産）**の増加として処理します。なお、埼玉商事に関係する処理については、後に集計しやすいよう会社名を記入します。

No.101	（現　　　金）	105,000	（売掛金・埼玉）	105,000
No.102	（現　　　金）	140,000	（売　　　上）	140,000
No.103	（現　　　金）	15,000	（受取手数料）	15,000

（2）出金伝票

出金伝票は、貸方を**現金（資産）**の減少として処理します。

No.201	（買　掛　金）	80,500	（現　　　金）	80,500
No.202	（買　掛　金）	48,000	（現　　　金）	48,000
No.203	（旅費交通費）	27,000	（現　　　金）	27,000

（3）振替伝票の処理

振替伝票は、現金勘定を使用しない取引に関して仕訳を行います。

No.301	（売掛金・埼玉）	160,000	（売　　　上）	160,000
No.302	（受取手形）	40,000	（売掛金・埼玉）	40,000
No.303	（仕　　　入）	260,000	（買　掛　金）	260,000

3．仕訳日計表と現金勘定の記入（問1）

各伝票の金額を仕訳日計表に集計します。また、現金の合計金額を総勘定元帳の現金勘定へ合計転記します。

(1) 借方項目の金額の記入

現　　　金	：105,000円＋140,000円＋15,000円＝**260,000円**
受 取 手 形	：**40,000円**
売　掛　金	：**160,000円**
買　掛　金	：80,500円＋48,000円＝**128,500円**
仕　　　入	：**260,000円**
旅費交通費	：**27,000円**

(2) 貸方項目の金額の記入

現　　　金	：80,500円＋48,000円＋27,000円＝**155,500円**
売　掛　金	：105,000円＋40,000円＝**145,000円**
買　掛　金	：**260,000円**
売　　　上	：140,000円＋160,000円＝**300,000円**
受取手数料	：**15,000円**

(3) 現金勘定の記入

現　　　　金

12/1	前 月 繰 越	210,000	12/1	仕訳日計表	(**155,500**)
〃	仕訳日計表	(**260,000**)			

4. 埼玉商事に対する売掛金残高の計算(問2)

埼玉商事に対する売掛金勘定の金額を集計します。

売掛金・埼玉	：60,000円＋160,000円－105,000円－40,000円＝**75,000円**

売掛金・埼玉商事

11/30	残　　高	60,000	12/1	No.101より	105,000
12/1	No.301より	160,000	〃	No.302より	40,000
			〃	残　　高	**75,000**

第 5 問	配点 30 点　目標点 24 点

・本問は貸借対照表と損益計算書の作成問題です。
・日商3級の決算整理事項はある程度パターン化していますので、自分の得意としている分野から効率的に解きましょう。

解答（●数字につき配点）

貸借対照表

X3年3月31日　（単位：円）

現金		（415,500）	買掛金	（785,000）
当座預金		❸（1,880,000）	未払（消費税）	❸（15,000）
売掛金	（1,150,000）		未払法人税等	（20,000）
（貸倒引当金）	△（23,000）	（1,127,000）	資本金	5,500,000
商品		❸（220,000）	繰越利益剰余金	❸（1,567,500）
貯蔵品		❸（7,000）		
（前払）費用		（99,000）		
（未収）収益		（4,000）		
貸付金		（800,000）		
建物	（1,500,000）			
減価償却累計額	△（800,000）	（700,000）		
備品	（450,000）			
減価償却累計額	△（315,000）	❸（135,000）		
土地		2,500,000		
		（7,887,500）		（7,887,500）

損益計算書

X2年4月1日からX3年3月31日まで　（単位：円）

売上原価	❸（4,210,000）	売上高	6,450,000
給料	（1,340,000）	受取利息	（4,000）
通信費	（155,000）	（貸倒引当金戻入）	❸（2,000）
支払家賃	❸（387,000）		
租税公課	（92,000）		
減価償却費	（140,000）		
雑損	（2,500）		
法人税等	❸（20,000）		
当期純（利益）	（109,500）		
	（6,456,000）		（6,456,000）

解説

1．全体像の把握

貸借対照表と損益計算書の作成問題で、決算整理事項は標準的なレベルです。売上原価、引当金、減価償却といった解答しやすい頻出論点から先に解きましょう。

2．決算整理事項等

（1）現金過不足に関する処理

現金の不足額のうち原因が判明した通信費については**通信費（費用）**として処理し、判明しなかった金額については**雑損（費用）**で処理します。

借方	金額	貸方	金額
（通　信　費）	5,000	（現金過不足）	7,500
（雑　　損）	2,500		

雑　　損　：7,500円－5,000円＝**2,500円**

（2）売掛金に関する処理（未処理事項）

借方	金額	貸方	金額
（当座預金）	100,000	（売　掛　金）	100,000

（3）仮払金に関する処理

収入印紙のうち使用済みの印紙については**租税公課（費用）**として処理し、未使用分については**貯蔵品（資産）**として処理します。

借方	金額	貸方	金額
（租税公課）	5,000	（仮　払　金）	12,000
（貯　蔵　品）	7,000		

貯　蔵　品　：12,000円－5,000円＝**7,000円**

（4）消費税に関する処理

預かっている消費税（仮受消費税）とすでに支払った消費税（仮払消費税）の差額を、**未払消費税（負債）**として処理します。

借方	金額	貸方	金額
（仮受消費税）	112,000	（仮払消費税）	97,000
		（未払消費税）	15,000

未払消費税　：112,000円－97,000円＝**15,000円**

（5）売上原価に関する処理

期首の繰越商品を仕入に振り替えます。また、期末に在庫として残っている商品を仕入から繰越商品に振り替えて売上原価を計算します。

借方	金額	貸方	金額
（仕　　入）	180,000	（繰越商品）	180,000
（繰越商品）	220,000	（仕　　入）	220,000

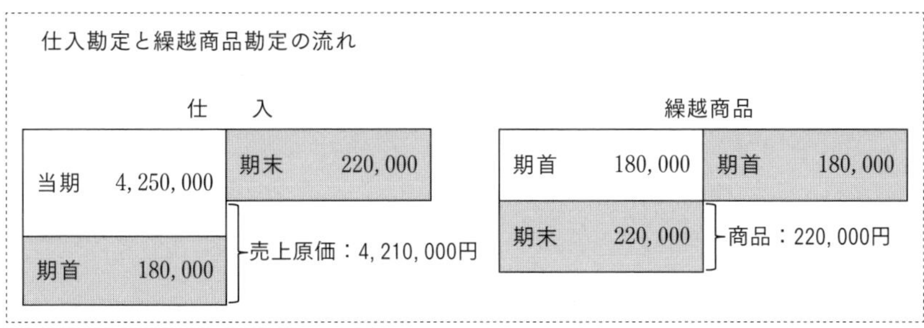

（6）減価償却に関する処理

建物および備品の減価償却費を計上します。

①建物に関する処理

（減価償却費）	50,000	（建物減価償却累計額）	50,000

減価償却費　：1,500,000円÷30年＝**50,000円**

②備品に関する処理

（減価償却費）	90,000	（備品減価償却累計額）	90,000

減価償却費　：450,000円÷5年＝**90,000円**

（7）貸倒引当金の設定に関する処理

売掛金の期末残高を基準に貸倒引当金を設定します。本問では貸倒引当金残高が設定額を上回っているため、**貸倒引当金戻入（収益）**として処理します。

（貸倒引当金）	2,000	（貸倒引当金戻入）	2,000

貸倒引当金戻入　：（1,250,000円－100,000円）×2％＝23,000円
（100,000円：（2）未処理事項）

23,000円－25,000円＝**－2,000円（戻入）**

（8）受取利息に関する処理（未収利息）

受取利息のうち、すでに期間が経過しているにもかかわらず受け取っていない未収金額については**未収利息（資産）**で処理します。

（未収利息）	4,000	（受取利息）	4,000

未収利息　：800,000円×2％×3か月（X3年1月～X3年3月）/12か月（X3年1月～X3年12月）＝**4,000円**

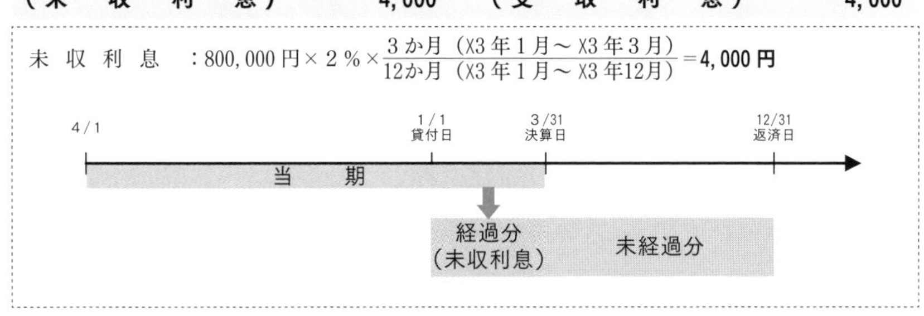

(9) 支払家賃に関する処理（前払家賃）

支払家賃のうち、まだ経過していないにもかかわらず支払っている前払金額については**前払家賃（資産）**で処理します。

（前払家賃）	99,000	（支払家賃）	99,000

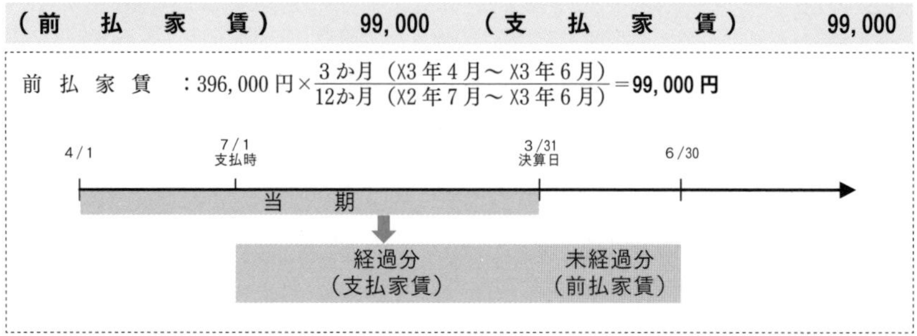

(10) 法人税等に関する処理

法人税等を計上する場合、相手勘定は**未払法人税等（負債）**で処理します。

（法人税等）	20,000	（未払法人税等）	20,000

3．貸借対照表と損益計算書の作成

残高試算表の金額に決算整理事項を加味した金額で作成します。なお、貸借対照表の繰越利益剰余金と損益計算書の当期純利益の関係は次のとおりです。

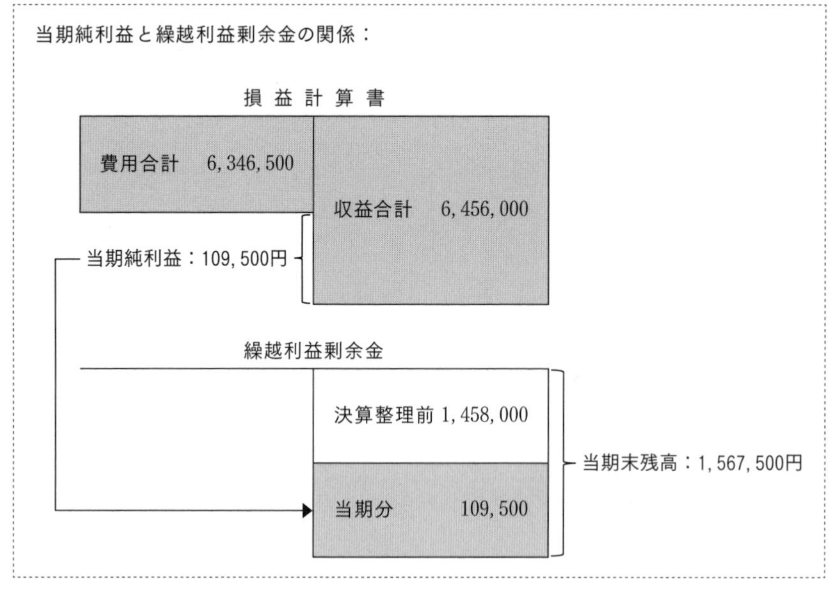

【参考】決算整理後残高試算表

本問で決算整理後残高試算表を作成した場合、次のようになります。貸借対照表、損益計算書との違いを確認しておきましょう。

残高試算表

借方	勘定科目	貸方
415,500	現金	
	現金過不足	
1,880,000	当座預金	
1,150,000	売掛金	
220,000	繰越商品	
7,000	貯蔵品	
	仮払金	
	仮払消費税	
99,000	前払家賃	
4,000	未収利息	
800,000	貸付金	
1,500,000	建物	
450,000	備品	
2,500,000	土地	
	買掛金	785,000
	仮受消費税	
	未払消費税	15,000
	未払法人税等	20,000
	貸倒引当金	23,000
	建物減価償却累計額	800,000
	備品減価償却累計額	315,000
	資本金	5,500,000
	繰越利益剰余金	1,458,000
	売上	6,450,000
	受取利息	4,000
	貸倒引当金戻入	2,000
4,210,000	仕入	
1,340,000	給料	
387,000	支払家賃	
155,000	通信費	
92,000	租税公課	
140,000	減価償却費	
2,500	雑損	
20,000	法人税等	
15,372,000		15,372,000

第2回 予想問題 解答・解説

	第1問	第2問	第3問	第4問	第5問	合計
目標点	16点	8点	24点	10点	24点	82点
1回目	点	点	点	点	点	点
2回目	点	点	点	点	点	点

解く順番とアドバイス

第1問	緊張をほぐすため、まずは問題文全体を読み、簡単な問題から解きましょう。
第4問	勘定記入の出題です。典型的な論点なので、満点を狙いましょう。
第2問	平易な内容なので、慎重に下書用紙に記入してケアレスミスを防ぎましょう。
第5問	一部読み取りにくい資料もありますので、典型的な論点から解きましょう。
第3問	重複取引の転記ミスをしないように意識して解きましょう。

第1問 配点20点 目標点16点

・まずは、比較的簡単な問1、問2から解きましょう。
・問3は、当社が自動車販売業を営んでいるという文章がキーワードです。

解答（仕訳1組につき各4点）

	仕		訳	
	借方科目	金額	貸方科目	金額
1	前受金 貸倒損失	100,000 500,000	売掛金	600,000
2	クレジット売掛金 支払手数料	480,000 20,000	売上	500,000
3	仕入	2,025,000	買掛金 現金	2,000,000 25,000
4	前受金 売掛金 発送費	40,000 400,000 8,000	売上 現金	440,000 8,000
5	繰越利益剰余金	330,000	未払配当金 利益準備金	300,000 30,000

解説

1．貸倒れの処理 － 当期販売

1．得意先が倒産し、当期に販売した商品に対する売掛金￥600,000のうち￥100,000は、かねて注文を受けたさいに受け取っていた手付金と相殺し、残額は貸倒れとして処理した。

・注文時に**前受金（負債）**を受け取っているのでその前受金と相殺し、残りの金額については**貸倒損失（費用）**で処理します。

【前受時の仕訳】

（現 金 な ど）	100,000	（前 受 金）	100,000

前　受　金	：問題文より **100,000円**
貸 倒 損 失	：600,000円－100,000円＝**500,000円（貸借差額）**
売　掛　金	：問題文より **600,000円**

2．クレジット売掛金 － 販売時

2．商品￥500,000をクレジット払いの条件で販売した。なお、信販会社へのクレジット手数料として販売代金の４％を販売時に計上した。

・問題文の指示にしたがって、商品の販売時にクレジット手数料として**支払手数料（費用）**で処理します。

クレジット売掛金	：500,000円－20,000円＝**480,000円（貸借差額）**
支 払 手 数 料	：500,000円×４％＝**20,000円**
売　　　上	：問題文より **500,000円**

3．商品の仕入 － 諸掛り

3．中古自動車￥2,000,000を購入し、代金は後日支払うこととした。また、引取運賃として￥25,000を現金で支払った。なお、当社は自動車販売業を営んでいる。

・本問の会社は自動車販売業で、販売するための商品として中古自動車を購入しているため車両運搬具ではなく**仕入（費用）**で処理します。また、その支払いも未払金ではなく**買掛金（負債）**の増加として処理します。

・仕入時に発生した諸掛りは、**仕入（費用）**に含めて処理します。

仕　　　入	：2,000,000円＋25,000円＝**2,025,000円**
買　掛　金	：問題文より**2,000,000円**
現　　　金	：問題文より**25,000円**

4．商品の売上 － 諸掛り

4．得意先沖縄商店に商品￥440,000を売り上げ、代金については注文時の手付金￥40,000と相殺し、残額を掛けとした。なお、当社負担の発送費￥8,000は現金で支払った。

・注文時に手付金を受け取っている場合、その商品を引き渡した時点で**売上（収益）**を計上するとともに、**前受金（負債）**を充当します。
・当社が負担する発送費は、**発送費（費用）**で処理します。

前　受　金	：問題文より**40,000円**
売　掛　金	：440,000円－40,000円＝**400,000円**
発　送　費	：問題文より**8,000円**
売　　　上	：問題文より**440,000円**

5．剰余金の配当・処分

5．株主総会で繰越利益剰余金￥2,500,000の一部を次のとおり処分することが承認された。
　株主配当金：￥300,000
　利益準備金の積立て：￥ 30,000

・株主総会によって決議された場合、社外流出する株主配当金は**未払配当金（負債）**の増加として処理します。また、内部留保される積立額は**利益準備金（資本）**の増加として処理します。

繰越利益剰余金	：300,000円＋30,000円＝**330,000円**
未払配当金	：問題文より**300,000円**
利益準備金	：問題文より**30,000円**

第 2 問	配点 10 点　目標点 8 点

・本問は売掛金の勘定記入に関する問題です。
・処理自体は平易な内容ですが、一部推定もありますので総勘定元帳と売掛金元帳の関係を理解していないと解けない内容です。効率的に解くことを心がけましょう。

解答（各1点）

A	B	C	D	E
売　上	**現　金**	**当座預金**	**次月繰越**	**前月繰越**
①	②	③	④	⑤
450,000	**25,000**	**815,000**	**204,000**	**15,000**

解説

1．全体像の把握

本問では、まず売掛金勘定と売掛金元帳との関係を確認しましょう。その後、各勘定で簡単に空欄が埋まる箇所を埋め、その後、日付ごと、取引ごとに繋がりがある部分を埋めていきます。

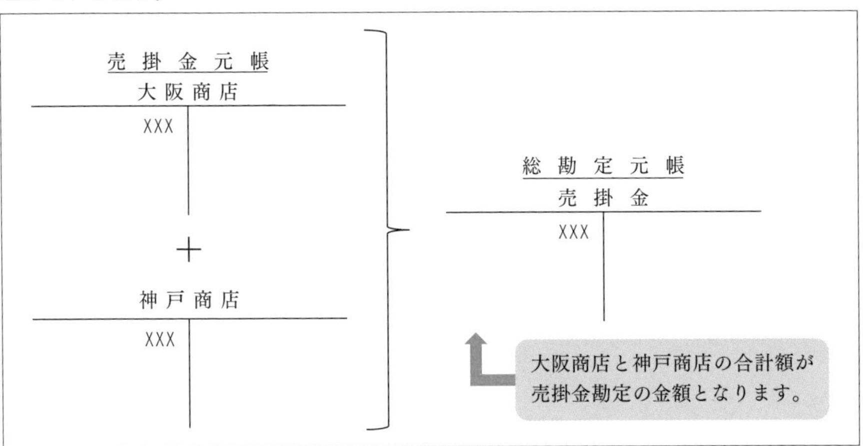

2．空欄の推定

空欄が簡単に埋まる前月繰越、次月繰越から埋めていきます。

（1）前月繰越

大　阪　商　店　：12/1 の空欄に「**前月繰越**」と記入
神　戸　商　店　：12/1 の空欄に「**前月繰越**」と記入（**空欄E**）
600,000 円（売掛金勘定）－350,000 円（大阪商店）＝**250,000 円**

（2）次月繰越

売掛金勘定	：12/31の空欄に「**次月繰越**」と記入（空欄D）
神戸商店	：12/31の空欄に「**次月繰越**」と記入
大阪商店	：12/31の空欄に「**次月繰越**」「**204,000円**」と記入
	614,000円（売掛金勘定）−410,000円（神戸商店）＝**204,000円**（空欄④）

（3）大阪商店

12月19日の売掛金勘定を確認すると売上勘定が貸方にあるため、掛売上の返品があったと推定します。

借方項目	：12/18の空欄に「**750,000円**」と記入
	1,100,000円−350,000円＝**750,000円**
貸方項目	：12/19の空欄に「**返品**」、さらに差額で「**25,000円**」と記入
	1,100,000円−815,000円−56,000円−204,000円＝**25,000円**

（4）神戸商店

12月12日の売掛金勘定を確認すると貸方に同日付の取引あるため、売掛金を現金で受け取ったと推定します。そして、12月6日を差額で計算します。

貸方項目	：12/12の空欄に「**275,000円**」と記入
	12/6の空欄に「**15,000円**」と記入
	700,000円−275,000円−410,000円＝**15,000円**（空欄⑤）

売掛金元帳

大阪商店

日付	摘要	金額	日付	摘要	金額
12/1	（**前月繰越**）	350,000	12/19	（**返品**）	（**25,000**）
18	売上げ	（**750,000**）	22	当座預金受取り	815,000
			25	当座預金受取り	56,000
			31	（**次月繰越**）	（**204,000**）
		1,100,000			1,100,000

神戸商店

日付	摘要	金額	日付	摘要	金額
12/1	（**前月繰越**）	（**250,000**）	12/6	返品	（**15,000**）
5	売上げ	450,000	12	現金受取り	（**275,000**）
			31	（**次月繰越**）	410,000
		700,000			700,000

3．日付ごとの取引の推定

売掛金元帳の日付、金額を参考に、売掛金勘定の空欄を日付順に埋めていきます。

（1）12月5日の取引

神戸商店に同日付の取引が記入されているので、神戸商店に対する掛売上と推定できます。

勘 定 科 目	：空欄に「**売上**」と記入（**空欄A**）
金　　　額	：神戸商店より「**450,000円**」と記入（**空欄①**）

この時点で、売掛金勘定の合計額を計算することができます。

合　計　額	：合計欄に「**1,800,000円**」と記入 600,000円＋450,000円＋750,000円＝**1,800,000円**

（2）12月6日の取引

神戸商店に同日付の取引が記入されているので、神戸商店に対する掛売上の返品と推定できます。

金　　　額	：神戸商店より「**15,000円**」と記入

（3）12月12日の取引

神戸商店に同日付の取引が記入されているので、神戸商店に対する売掛金の決済と推定できます。

勘 定 科 目	：空欄に「**現金**」と記入（**空欄B**）

（4）12月18日の取引

大阪商店に同日付の取引が記入されているので、大阪商店に対する掛売上と推定できます。

勘 定 科 目	：空欄に「**売上**」と記入

（5）12月19日の取引

大阪商店に同日付の取引が記入されているので、大阪商店に対する掛売上の返品と推定できます。

金　　　額	：大阪商店より「**25,000円**」と記入（**空欄②**）

（6）12月22日の取引

大阪商店に同日付の取引が記入されているので、大阪商店に対する売掛金の決済と推定できます。

勘 定 科 目	：空欄に「**当座預金**」と記入（**空欄C**）
金　　　額	：大阪商店より「**815,000円**」と記入（**空欄③**）

以上を集計すると、売掛金勘定は次のようになります。

総　勘　定　元　帳
売　　掛　　金

12/1	前　月　繰　越	600,000	12/6	売　　　上	(**15,000**)
5	(**売　　　上**)	(**450,000**)	12	(**現　　　金**)	275,000
18	(**売　　　上**)	750,000	19	売　　　上	(**25,000**)
			22	(**当　座　預　金**)	(**815,000**)
			25	当　座　預　金	56,000
			31	(**次　月　繰　越**)	614,000
		(**1,800,000**)			(**1,800,000**)

第 3 問	配点 30 点　目標点 24 点

・本問は集約取引から残高試算表を作成する問題です。
・現金、普通預金など集約して記載されている取引は集計しやすいので、集計した直後に答案用紙に記入しましょう。
・集約取引には重複がありますので、二重に転記しないよう注意しましょう。

解答（●数字につき配点）

残高試算表

借方 9月30日	借方 8月31日	勘定科目	貸方 8月31日	貸方 9月30日
❸ 912,500	648,000	現金		
❸ 1,608,200	1,250,000	普通預金		
520,000	320,000	当座預金		
414,000	330,000	受取手形		
❸ 1,379,000	550,000	売掛金		
145,000	180,000	電子記録債権		
450,000	450,000	繰越商品		
180,000	80,000	前払金		
❸ 38,800	35,000	仮払金		
1,000,000	850,000	備品		
		支払手形	210,000	438,000
		買掛金	320,000	❸ 561,000
		電子記録債務	120,000	❸ 140,000
		前受金	75,000	155,000
		所得税預り金	6,500	❸ 8,000
		未払金	20,000	170,000
		仮受金	50,000	17,000
		貸倒引当金	20,000	❸ 7,000
		備品減価償却累計額	225,000	225,000
		資本金	2,000,000	2,000,000
		繰越利益剰余金	1,905,500	1,905,500
		売上	6,800,000	❸ 9,359,000
4,089,000	3,300,000	仕入		
3,040,000	2,700,000	給料		
164,500	150,000	通信費		
138,800	135,000	旅費交通費		
❸ 74,400	72,000	消耗品費		
190,800	177,000	水道光熱費		
48,500	45,000	租税公課		
592,000	480,000	支払家賃		
14,985,500	11,752,000		11,752,000	14,985,500

解説

1．全体像の把握

問題文と答案用紙を確認すると、売掛金や買掛金のような複数の取引を仕訳しないと解答できない箇所がある一方、簡単に解答可能な箇所もあります。本問は集約取引のため、現金、普通預金、仮払金、仕入、売上については集計が簡単であり、かつ解答箇所に配点がある可能性も高いので、開始直後に集計し答案用紙に記入しましょう。

2．9月中の取引

（1）現金に関する事項

a．売上代金の受取り

（5）売上げに関する事項で同一取引が記載されているので二重に集計しないよう注意しましょう。

借方	金額	貸方	金額
（現　　　　金）	1,200,000	（売　　　　上）	1,200,000

b．収入印紙の購入（使用済み）

借方	金額	貸方	金額
（租　税　公　課）	3,500	（現　　　　金）	3,500

c．当座預金口座からの引き出し

借方	金額	貸方	金額
（現　　　　金）	50,000	（当　座　預　金）	50,000

d．商品受注に伴う手付金の受入れ

借方	金額	貸方	金額
（現　　　　金）	80,000	（前　　受　　金）	80,000

e．商品発注に伴う手付金の支払い

借方	金額	貸方	金額
（前　　払　　金）	100,000	（現　　　　金）	100,000

f．事務書類郵送代金の支払い

借方	金額	貸方	金額
（通　　信　　費）	2,000	（現　　　　金）	2,000

g．普通預金口座への預入れ

（2）普通預金に関する事項で同一取引が記載されているので二重に集計しないよう注意しましょう。

借方	金額	貸方	金額
（普　通　預　金）	950,000	（現　　　　金）	950,000

h．ＩＣカードへのチャージ

（3）ＩＣカードに関する事項で同一取引が記載されているので二重に集計しないよう注意しましょう。

借方	金額	貸方	金額
（仮　　払　　金）	10,000	（現　　　　金）	10,000

（2） 普通預金に関する事項

a．売掛金の回収

（普通預金）	250,000	（売掛金）	250,000

b．買掛金の支払い

（買掛金）	180,000	（普通預金）	180,000

c．約束手形の期日入金

（普通預金）	150,000	（受取手形）	150,000

d．現金からの預入れ

（1）現金に関する事項で同一取引が記載されているので二重に集計しないよう注意しましょう。

（普通預金）	950,000	（現金）	950,000

e．給与の支払い

問題文では源泉所得税8,000円が控除後の金額が記載されているので、源泉所得税を考慮して計算します。

（給料）	340,000	（所得税預り金）	8,000
		（普通預金）	332,000

給　料：332,000円＋8,000円＝**340,000円**

f．所得税の源泉徴収額の支払い

（所得税預り金）	6,500	（普通預金）	6,500

g．諸費用の支払い

（通信費）	12,500	（普通預金）	138,300
（水道光熱費）	13,800		
（支払家賃）	112,000		

h．当座預金口座への振替え

（当座預金）	335,000	（普通預金）	335,000

（3） ＩＣカードに関する事項

ａ．現金からのチャージ

問題文より、ＩＣカードへのチャージは**仮払金（資産）**の増加として処理します。なお、この取引は**（１）現金に関する事項**で同一取引が記載されているので二重に集計しないよう注意しましょう。

借方科目	金額	貸方科目	金額
（仮　払　金）	10,000	（現　金）	10,000

ｂ．電車での移動による使用

問題文より、ＩＣカードへチャージした金額を使用した場合、ＩＣカード使用時に適切な費用の勘定へ振り替えます。

借方科目	金額	貸方科目	金額
（旅費交通費）	3,800	（仮　払　金）	3,800

ｃ．消耗品の購入による使用

問題文より、ＩＣカードへチャージした金額を使用した場合、ＩＣカード使用時に適切な費用の勘定へ振り替えます。

借方科目	金額	貸方科目	金額
（消耗品費）	2,400	（仮　払　金）	2,400

（4） 仕入れに関する事項

ａ．約束手形の振出しによる仕入れ

借方科目	金額	貸方科目	金額
（仕　入）	348,000	（支払手形）	348,000

ｂ．掛仕入れ

借方科目	金額	貸方科目	金額
（仕　入）	441,000	（買　掛　金）	441,000

（5） 売上げに関する事項

ａ．現金売上げ

（１）現金に関する事項で同一取引が記載されているので二重に集計しないよう注意しましょう。

借方科目	金額	貸方科目	金額
（現　金）	1,200,000	（売　上）	1,200,000

ｂ．掛売上げ

借方科目	金額	貸方科目	金額
（売　掛　金）	1,125,000	（売　上）	1,125,000

ｃ．約束手形の受入れによる売上げ

借方科目	金額	貸方科目	金額
（受取手形）	234,000	（売　上）	234,000

（6） その他の取引

a．前期に発生した売掛金の貸倒れ

前年度の売掛金が貸し倒れた場合、貸倒引当金が設定されている場合は**貸倒引当金**を取り崩して充当します。

（貸倒引当金）	13,000	（売掛金）	13,000

b．備品の購入

商品以外の物品の購入なので、**未払金（負債）**の増加として処理します。

（備品）	150,000	（未払金）	150,000

c．仮受金の内容判明

（仮受金）	33,000	（売掛金）	33,000

d．電子記録債権の期日到来

期日が到来しているので、**電子記録債権（資産）**の減少として処理します。

（当座預金）	35,000	（電子記録債権）	35,000

e．電子記録債務の発生

電子記録債務の発生記録をおこなっているので、**電子記録債務（負債）**の増加として処理します。

（買掛金）	20,000	（電子記録債務）	20,000

f．約束手形の期日支払

（支払手形）	120,000	（当座預金）	120,000

3．残高試算表の作成

（1）損益計算書項目

売上	6,800,000円＋1,200,000円＋1,125,000円＋234,000円 ＝**9,359,000円**
仕入	3,300,000円＋348,000円＋441,000円＝**4,089,000円**
給料	2,700,000円＋340,000円＝**3,040,000円**
通信費	150,000円＋2,000円＋12,500円＝**164,500円**
旅費交通費	135,000円＋3,800円＝**138,800円**
消耗品費	72,000円＋2,400円＝**74,400円**
水道光熱費	177,000円＋13,800円＝**190,800円**
租税公課	45,000円＋3,500円＝**48,500円**
支払家賃	480,000円＋112,000円＝**592,000円**

（2）貸借対照表項目

現　　　　　金	648,000円＋1,200,000円－3,500円＋50,000円＋80,000円 －100,000円－2,000円－950,000円－10,000円＝**912,500円**
普　通　預　金	1,250,000円＋250,000円－180,000円＋150,000円 ＋950,000円－332,000円－6,500円－12,500円－13,800円 －112,000円－335,000円＝**1,608,200円**
当　座　預　金	320,000円－50,000円＋335,000円＋35,000円－120,000円 ＝**520,000円**
受　取　手　形	330,000円－150,000円＋234,000円＝**414,000円**
売　　掛　　金	550,000円－250,000円＋1,125,000円－13,000円－33,000円 ＝**1,379,000円**
電子記録債権	180,000円－35,000円＝**145,000円**
繰　越　商　品	**450,000円**
前　　払　　金	80,000円＋100,000円＝**180,000円**
仮　　払　　金	35,000円＋10,000円－3,800円－2,400円＝**38,800円**
備　　　　　品	850,000円＋150,000円＝**1,000,000円**
支　払　手　形	210,000円＋348,000円－120,000円＝**438,000円**
買　　掛　　金	320,000円－180,000円＋441,000円－20,000円＝**561,000円**
電子記録債務	120,000円＋20,000円＝**140,000円**
前　　受　　金	75,000円＋80,000円＝**155,000円**
所得税預り金	6,500円＋8,000円－6,500円＝**8,000円**
未　　払　　金	20,000円＋150,000円＝**170,000円**
仮　　受　　金	50,000円－33,000円＝**17,000円**
貸倒引当金	20,000円－13,000円＝**7,000円**
備品減価償却累計額	**225,000円**
資　　本　　金	**2,000,000円**
繰越利益剰余金	**1,905,500円**

第 4 問	配点10点　目標点10点
・本問は損益勘定、資本金勘定、繰越利益剰余金勘定の勘定記入です。 ・損益勘定から繰越利益剰余金勘定への決算振替仕訳の流れを確認しましょう。	

解答（各2点）

①	②	③	④	⑤
4,200,000	3,350,000	4,550,000	250,000	450,000

解説

1．決算整理仕訳

損益勘定の売上高および売上原価を計算し、損益勘定を完成させます。

（1）売上高の計算

売上高は、総売上高から売上戻り高などを控除した純売上高となります。

売　　　上　：純売上高 **4,200,000円**

（2）売上原価の計算

決算整理前の仕入勘定に期首商品棚卸高を加算し、さらに期末商品棚卸高を減算して売上原価を計算します。

なお、仕入高は仕入戻し高などを控除した純仕入高で計算します。

（仕　　　　入）	700,000	（繰　越　商　品）	700,000
（繰　越　商　品）	850,000	（仕　　　　入）	850,000

売 上 原 価　：700,000円（期首商品）＋3,500,000円（純仕入高）－850,000円（期末商品）＝**3,350,000円**（売上原価）

2．損益勘定への振り替え

収益に関する勘定は損益勘定の貸方に記入して損益勘定へ振り替えます。一方、費用に関する勘定は損益勘定の借方に記入して損益勘定へ振り替えます。

（売　　　　上）	4,200,000	（損　　　　益）	4,550,000
（受 取 手 数 料）	350,000		
（損　　　　益）	4,300,000	（仕　　　　入）	3,350,000
		（給　　　　料）	700,000
		（貸倒引当金繰入）	10,000
		（減 価 償 却 費）	200,000
		（支 払 利 息）	40,000

3．繰越利益剰余金への振り替え

損益勘定の貸借差額で当期純利益を計算します。そして、その当期純利益を**繰越利益剰余金（資本）**の増加として処理します。

（損　　　益）	250,000	（繰越利益剰余金）	250,000

繰越利益剰余金　：4,550,000円（収益合計）－4,300,000円（費用合計）＝**250,000円**

4．各勘定の締め切り

収益項目は損益勘定の貸方に記入し、費用項目は損益勘定の借方に記入します。そして、損益勘定の貸借差額を繰越利益剰余金に振り替えます。

さらに、貸借一致を確認後、損益勘定、繰越利益剰余金勘定、資本金勘定を締め切ります。

損　　益

日付	摘要	金額	日付	摘要	金額
3/31	仕　入	（**3,350,000**）	3/31	売　上	（**4,200,000**）
	給　料	700,000		受取手数料	350,000
	貸倒引当金繰入	10,000			
	減価償却費	200,000			
	支払利息	40,000			
	（繰越利益剰余金）	（**250,000**）			
		（**4,550,000**）			（**4,550,000**）

繰越利益剰余金

日付	摘要	金額	日付	摘要	金額
6/25	諸　口	150,000	4/1	前期繰越	200,000
3/31	次期繰越	（**300,000**）	3/31	**（損　益）**	（**250,000**）
		（**450,000**）			（**450,000**）

資　本　金

日付	摘要	金額	日付	摘要	金額
3/31	次期繰越	（**5,000,000**）	4/1	前期繰越	5,000,000

第 5 問	配点 30 点　目標点 24 点

・本問は決算整理後残高試算表の作成問題です。
・貯蔵品、当座借越の処理、電子記録債権など、最近の出題区分の変更に関する処理は出題可能性が高いので必ず解けるよう準備しておきましょう。

解答（●数字につき配点）

決算整理後残高試算表

借　方	勘定科目	貸　方
892,600	現金	
260,000	普通預金	
	当座借越	❸ 320,000
2,760,000	売掛金	
❸ 1,140,000	電子記録債権	
250,000	繰越商品	
❸ 150,000	貯蔵品	
❸ 45,000	前払保険料	
5,000,000	建物	
❸ 2,300,000	備品	
7,000,000	土地	
	買掛金	962,500
	電子記録債務	770,000
	未払利息	❸ 4,500
	前受地代	❸ 24,000
	借入金	2,400,000
	貸倒引当金	❸ 39,000
	建物減価償却累計額	2,325,000
	備品減価償却累計額	1,187,500
	資本金	8,000,000
	繰越利益剰余金	1,303,600
	売上	8,756,000
	受取地代	288,000
4,165,000	仕入	
1,213,500	給料	
361,000	通信費	
177,000	保険料	
4,000	貸倒引当金繰入	
❸ 637,500	減価償却費	
4,500	支払利息	
❸ 20,000	雑損	
26,380,100		26,380,100

解説

1. 全体像の把握

決算整理後残高試算表の作成問題です。決算整理事項等は標準的なレベルですが、解答箇所が多いので簡単な決算整理事項等から順序よく解答します。

2. 決算整理事項等

(1) 現金過不足に関する処理

現金の帳簿残高と実際有高の差額は雑損または雑益で処理します。本問は不足しているので**雑損（費用）**で処理します。

(雑　損)	20,000	(現　金)	20,000

雑　　損　：(780,000円＋112,600円)［実際有高］－912,600円［帳簿残高］＝－20,000円

(2) 貯蔵品に関する処理

未使用の切手が期末に残っている場合、換金性が高いことから期末に**貯蔵品（資産）**の増加として処理します。

(貯　蔵　品)	150,000	(通　信　費)	150,000

(3) 当座借越に関する処理

期末時点で当座預金残高がマイナスの場合、当座借越または借入金に振り替えます。本問は問題文の指示により**当座借越（負債）**で処理します。

(当　座　預　金)	320,000	(当　座　借　越)	320,000

(4) 仮払金に関する処理

仮払金を**備品（資産）**に振り替えます。なお、備品は当期中に使用しているので減価償却の対象となります。

(備　品)	500,000	(仮　払　金)	500,000

(5) 電子記録債権に関する処理

電子記録債権が決済されているので、**電子記録債権（資産）**の減少として処理します。なお、電子記録債権は貸倒引当金の設定対象ですので貸倒引当金の計算に影響があることに注意しましょう。

(普　通　預　金)	110,000	(電子記録債権)	110,000

(6) 売上原価に関する処理

期首の繰越商品を仕入勘定に振り替えます。また、期末に在庫として残っている商品を仕入から繰越商品に振り替えて売上原価を計算します。

（仕　　　　入）	200,000	（繰　越　商　品）	200,000
（繰　越　商　品）	250,000	（仕　　　　入）	250,000

仕入勘定と繰越商品勘定の流れ：

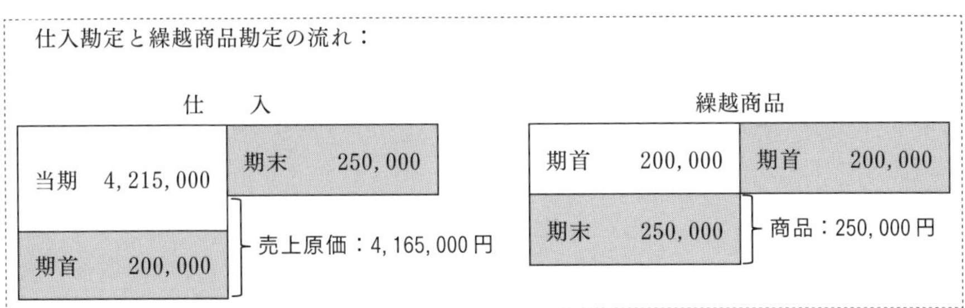

（7）減価償却に関する処理

建物および備品の減価償却費を計上します。

①建物に関する処理

（減　価　償　却　費）	125,000	（建物減価償却累計額）	125,000

減価償却費　：5,000,000円÷40年＝**125,000円**

②備品に関する処理

（減　価　償　却　費）	512,500	（備品減価償却累計額）	512,500

減価償却費　：（既存分）1,800,000円÷4年＝450,000円

（新規分）500,000円÷4年×$\frac{6か月}{12か月}$＝62,500円

450,000円＋62,500円＝**512,500円**

（8）貸倒引当金の設定に関する処理

売掛金の期末残高を基準に貸倒引当金を設定します。本問では電子記録債権も貸倒引当金の設定対象のため、電子記録債権を加えて計算します。

（貸倒引当金繰入）	4,000	（貸　倒　引　当　金）	4,000

貸倒引当金繰入　：（2,760,000円＋1,250,000円－110,000円（(5)より））×1%＝39,000円

39,000円－35,000円＝**4,000円**

（9）保険料に関する処理（前払保険料）

保険料のうち、まだ経過していないにもかかわらず支払っている前払金額については**前払保険料（資産）**で処理します。

（前　払　保　険　料）	45,000	（保　　険　　料）	45,000

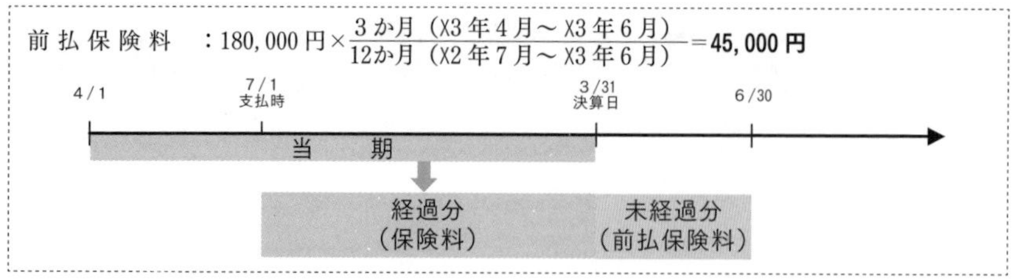

(10) 支払利息に関する処理（未払利息）

支払利息のうち、すでに経過しているにもかかわらず支払っていない未払金額については**未払利息（負債）**で処理します。

（支払利息）	4,500	（未払利息）	4,500

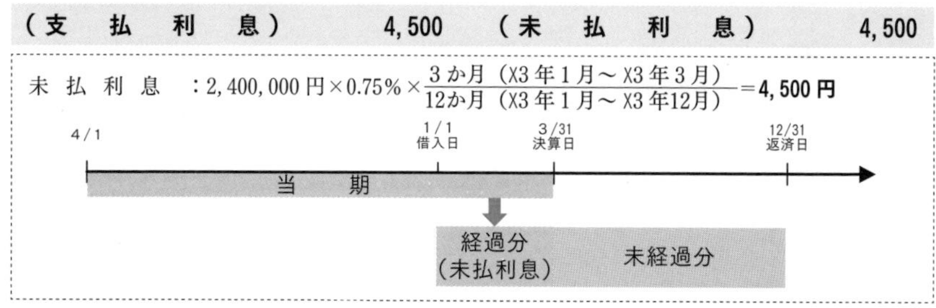

(11) 受取地代に関する処理（前受地代）

受取地代のうち、まだ経過していないにもかかわらず受け取っている前受金額については**前受地代（負債）**で処理します。本問では偶数月の月末に向こう2か月分を受け取っているので、2月末に受け取ったうち、1か月分を前受地代として計上します。

（受取地代）	24,000	（前受地代）	24,000

前受地代　：$48{,}000\text{円}\times\dfrac{1\text{か月（X3年4月～X3年4月）}}{2\text{か月（X3年3月～X3年4月）}}=$ **24,000円**

第3回 予想問題 解答・解説

	第1問	第2問	第3問	第4問	第5問	合計
目標点	16点	10点	21点	8点	24点	79点
1回目	点	点	点	点	点	点
2回目	点	点	点	点	点	点

解く順番とアドバイス

第1問	緊張をほぐすため、まずは問題文全体を読み、簡単な問題から解きましょう。
第2問	満点が狙える問題です。慎重に解きましょう。
第4問	証ひょうがやや読みにくい問題です。手数料に注意しましょう。
第5問	修正仕訳がわからない場合、その部分の決算整理事項は無視しましょう。
第3問	問題量が多いので、効率的に解くことを心がけましょう。

第1問　配点20点　目標点16点

・まずは、比較的簡単な問1、問3から解きましょう。
・問2は、貯蔵品勘定に振り替える処理を理解しているかどうかがポイントです。
・問4は、現金の範囲を理解しているかどうかがポイントです。

解答（仕訳1組につき各4点）

	仕訳			
	借方科目	金額	貸方科目	金額
1	備品減価償却累計額	400,000	備品	600,000
	未収入金	50,000		
	固定資産売却損	150,000		
2	貯蔵品	26,250	通信費	9,450
			租税公課	16,800
3	旅費交通費	10,000	現金	10,000
4	現金	2,500	現金過不足	2,500
5	備品	887,800	仮払金	887,800

解説

1．固定資産 － 売却時

1．備品（取得原価￥600,000、減価償却累計額￥400,000、間接法で記帳）を期首に￥50,000で売却した。なお、代金は月末に受け取ることとした。

・本問は間接法で記帳しているため、**備品（資産）**と**備品減価償却累計額**が減少します。
・商品売買以外の取引のため、売却代金は**未収入金（資産）**の増加として処理します。

備品減価償却累計額	：問題文より **400,000 円**
未　収　入　金	：問題文より **50,000 円**
固定資産売却損	：600,000 円－400,000 円－50,000 円＝**150,000 円（貸借差額）**
備　　　　品	：問題文より **600,000 円**

2．貯蔵品の処理

2．決算のため現状を調査したところ、すでに費用処理されているはがき（@￥63）が150枚と、収入印紙の未使用分￥16,800があることが判明したため、適切な勘定へ振り替える。

・はがきは**通信費（費用）**、収入印紙は**租税公課（費用）**で処理します。
・収入印紙やはがきは換金性の高いので、期末に未使用分がある場合は**貯蔵品（資産）**に振り替えます。

貯　蔵　品	：9,450 円＋16,800 円＝**26,250 円**
通　信　費	：63 円×150 枚＝**9,450 円**
租　税　公　課	：問題文より **16,800 円**

3．旅費交通費の処理

3．営業先訪問目的で利用する交通機関の料金支払用ＩＣカードに現金￥10,000を入金し、領収証の発行を受けた。なお、入金時に全額費用に計上する方法を採用している。

・入金時に費用処理する方法を採用しているため、IC カードへ入金時に**旅費交通費（費用）**で処理します。
・なお、IC カードへの入金時に使用目的が確定していない場合は**仮払金（資産）**の増加として処理し、使用目的が確定した時点で適切な科目に振り替えます。

旅 費 交 通 費	：問題文より **10,000 円**
現　　　金	：問題文より **10,000 円**

4．現金過不足の処理 － 発生時

4．月末に金庫を実査したところ、紙幣￥200,000、硬貨￥7,500、得意先振出しの小切手￥20,000、郵便切手￥800 が保管されていたが、現金出納帳の残高は￥225,000 であった。不一致の原因を調べたが原因は判明しなかったので、現金過不足勘定で処理することにした。

・現金の実際有高と帳簿の残高が一致しない場合、帳簿残高を実際有高にあわせるため、その過不足額を**現金過不足**で処理します。

①実際有高：227,500 円

紙　　幣	：200,000 円	合計 227,500 円
硬　　貨	：　7,500 円	
得意先振出小切手	：　20,000 円	

②帳簿残高：225,000 円

③現金過不足：227,500 円（実際有高）－225,000 円（帳簿残高）＝2,500 円（過大）

・郵便切手は現金ではありませんので、本問では処理しません。

現　　　金	：227,500 円－225,000 円＝**2,500 円**
現 金 過 不 足	：227,500 円－225,000 円＝**2,500 円**

5．固定資産 － 購入時（証ひょう）

5．事務用物品をインターネット注文で購入し、品物とともに次の領収書を受け取った。なお、代金は仮払金勘定で処理している。

・本問では事務用物品を購入しているので**備品（資産）**の増加として処理します。

・購入時の付随費用については、取得原価に含めて処理します。

・代金は**仮払金（資産）**で処理しているため、仮払金の減少として処理します。

備　　　品	：825,000 円＋8,800 円＋54,000 円＝**887,800 円**
仮　払　金	：825,000 円＋8,800 円＋54,000 円＝**887,800 円**

第 2 問	配点 10 点　目標点 10 点

・本問は利息の一連の処理に関する出題です。
・取引の処理は平易な内容ですので、丁寧に仕訳を行い、勘定に転記して満点を目指しましょう。

解答（各2点）

A	B	C	D	E
損益	**24,000**	**54,250**	**6,250**	**次期繰越**

解説

1．取引の仕訳

期中取引および決算整理仕訳を行い勘定に転記します。

（1）4月1日　貸付時の処理（福島商店）

本問では受取利息、未収利息に関することが問われているので、この仕訳は解答に影響がありません。

（貸　付　金）2,400,000　（普　通　預　金）2,400,000

（2）9月30日　利払日の処理

福島商店に対する貸付金の利息６か月分を計上します。

（普　通　預　金）24,000　（受　取　利　息）24,000

受取利息　：2,400,000円×２%×$\frac{6か月}{12か月}$=**24,000円**

（3）2月1日　貸付時の処理（岩手商店）

本問では受取利息、未収利息に関することが問われているので、この仕訳は解答に影響がありません。

（貸　付　金）2,500,000　（普　通　預　金）2,500,000

（4）3月31日　利払日の処理

福島商店に対する貸付金の利息６か月分を計上します。

（普　通　預　金）24,000　（受　取　利　息）24,000

受取利息　：2,400,000円×２%×$\frac{6か月}{12か月}$=**24,000円**

（5）決算整理仕訳

岩手商店に対する貸付金の利息は返済時に一括して受け取る契約のため、決算時に経過部分の利息を計上します。

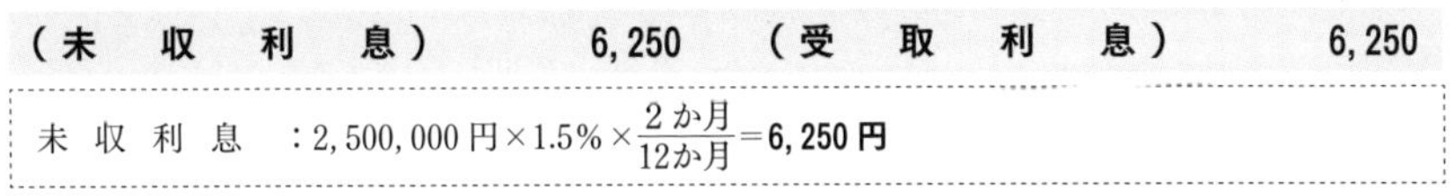

借方		貸方	
（未　収　利　息）	6,250	（受　取　利　息）	6,250

未収利息　：$2,500,000円 \times 1.5\% \times \frac{2か月}{12か月} = 6,250円$

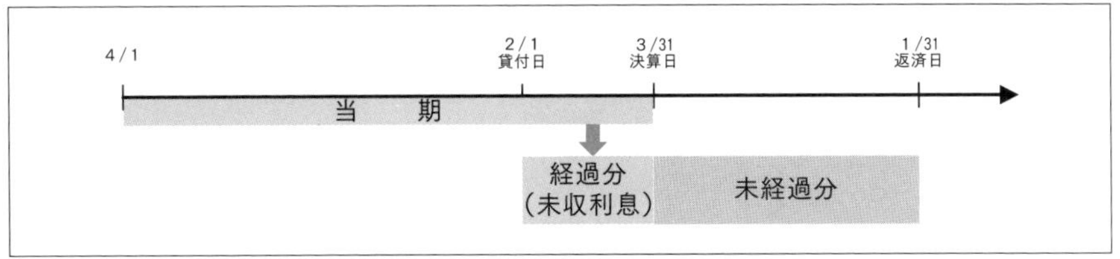

（6）決算振替仕訳

収益項目および費用項目を損益勘定に振り替えます。本問では受取利息が該当します。

借方		貸方	
（受　取　利　息）	54,250	（損　　　益）	54,250

2．勘定の締め切り

受取利息勘定および未収収益勘定を締め切ります。なお、未収利息勘定の貸借差額は次期繰越として記入します。

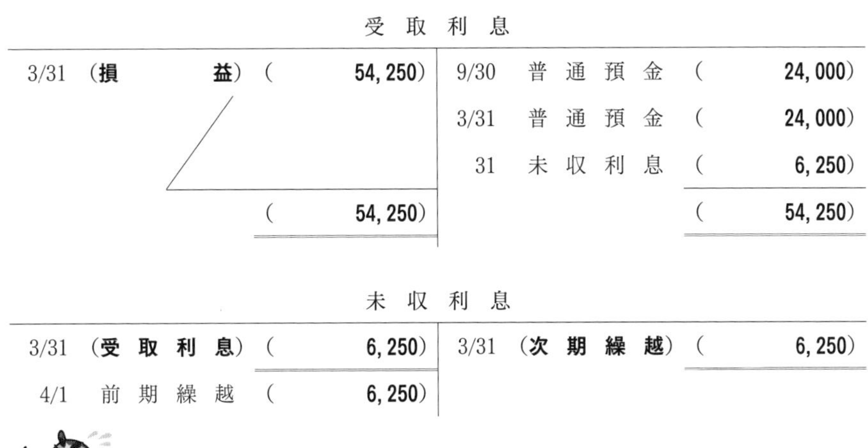

受　取　利　息

日付	摘要	金額	日付	摘要	金額
3/31	（損　　益）	（54,250）	9/30	普通預金	（24,000）
			3/31	普通預金	（24,000）
			31	未収利息	（6,250）
		（54,250）			（54,250）

未　収　利　息

日付	摘要	金額	日付	摘要	金額
3/31	（受取利息）	（6,250）	3/31	（次期繰越）	（6,250）
4/1	前期繰越	（6,250）			

第 3 問	配点 30 点　目標点 21 点

・本問は日々の取引から合計試算表を作成する問題です。
・仕訳の分量が多く、かつ手数料など細かい点も問われていますので、満点を目指すのではなく得点を取りやすい箇所から解答して得点を重ねていきましょう。

解答（●数字につき配点）

合計試算表

X2年4月30日

借方	勘定科目	貸方
❸ 455,000	現金	52,100
❸ 1,167,000	普通預金	365,200
950,000	当座預金	45,000
404,000	受取手形	
595,000	売掛金	59,000
❸ 471,000	クレジット売掛金	97,000
440,000	繰越商品	
600,000	貸付金	
14,000	貯蔵品	14,000
150,000	前払金	50,000
900,000	建物	
1,180,000	土地	
45,000	支払手形	❸ 620,000
275,000	買掛金	❸ 370,000
10,000	前受金	45,000
34,000	前受利息	34,000
5,000	未払金	5,000
28,000	所得税預り金	58,000
13,500	社会保険料預り金	❸ 27,000
9,000	貸倒引当金	15,000
	建物減価償却累計額	122,500
	資本金	5,000,000
	繰越利益剰余金	918,500
	売上	❸ 484,000
	受取利息	34,000
❸ 320,000	仕入	
300,000	給料	
6,600	通信費	
5,000	消耗品費	
❸ 10,000	租税公課	
2,500	減価償却費	
2,500	発送費	
13,500	法定福利費	
❸ 9,700	支払手数料	
8,415,300		8,415,300

1. 全体像の把握

問題文と答案用紙を確認すると、現金や売掛金のような複数の取引を仕訳しないと解答できない箇所がある一方、貸倒れや減価償却費のような比較的容易に解答できる箇所もあります。したがって、本問のように問題量が多い場合は、全体のバランスを考慮して解答しやすい箇所から解答しましょう。

2. 期中取引の処理

(1) 1日の仕訳（再振替仕訳）

前期末に収入印紙と郵便切手の未使用分を貯蔵品へ振り替えているので、当期首に再振替仕訳を行います。また、前受利息についても再振替仕訳を行います。

借方科目	金額	貸方科目	金額
（租税公課）	8,000	（貯蔵品）	14,000
（通信費）	6,000		
（前受利息）	34,000	（受取利息）	34,000

(2) 2日の仕訳（商品の仕入れ）

借方科目	金額	貸方科目	金額
（仕入）	250,000	（前払金）	50,000
		（支払手形）	200,000

(3) 4日の仕訳（商品の売上げ）

当社負担の売上諸掛りは**発送費（費用）**で処理します。

借方科目	金額	貸方科目	金額
（売掛金）	120,000	（売上）	120,000
（発送費）	2,500	（現金）	2,500

(4) 5日の仕訳（社会保険料の納付）

社会保険料の会社負担額は**法定福利費（費用）**で処理します。

借方科目	金額	貸方科目	金額
（社会保険料預り金）	13,500	（現金）	27,000
（法定福利費）	13,500		

(5) 6日の仕訳（掛代金の決済）

買掛金の支払いに関する振込手数料は、**支払手数料（費用）**で処理します。

借方科目	金額	貸方科目	金額
（買掛金）	75,000	（普通預金）	75,350
（支払手数料）	350		

(6) 10日の仕訳（所得税の源泉徴収額の納付）

借方科目	金額	貸方科目	金額
（所得税預り金）	28,000	（普通預金）	28,000

(7) 12日の仕訳（手付金の受け取り）

内金として受け取った金額は**前受金（負債）**の増加として処理します。

借方	金額	貸方	金額
(現　金)	15,000	(前　受　金)	15,000

(8) 13日の仕訳（未払金の処理）

従業員に対する未払いですので**未払金（負債）**の増加として処理します。

借方	金額	貸方	金額
(消　耗　品　費)	5,000	(未　払　金)	5,000

(9) 15日の仕訳（クレジットでの販売）

クレジット販売した場合は**クレジット売掛金（資産）**の増加として処理します。なお、問題文の指示に従い**支払手数料（費用）**を販売時に計上します。

借方	金額	貸方	金額
(クレジット売掛金)	291,000	(売　上)	300,000
(支　払　手　数　料)	9,000		

支払手数料　：300,000円×３％＝**9,000円**

(10) 16日の仕訳（商品の仕入れ）

借方	金額	貸方	金額
(仕　入)	70,000	(現　金)	20,000
		(買　掛　金)	50,000

(11) 20日の仕訳（商品の売上げ）

注文時に受け取っていた前受金を充当するので、**前受金（負債）**の減少として処理します。

借方	金額	貸方	金額
(前　受　金)	10,000	(売　上)	64,000
(受　取　手　形)	54,000		

(12) 21日の仕訳（掛代金の決済）

収入印紙を貼り付けて郵送していますが、収入印紙は購入時に費用処理していますので、使用時に処理は不要です。

借方	金額	貸方	金額
(買　掛　金)	200,000	(支　払　手　形)	200,000
(通　信　費)	600	(現　金)	600

(13) 22日の仕訳（掛代金の回収）

借方	金額	貸方	金額
(普　通　預　金)	50,000	(売　掛　金)	50,000

(14) 25日の仕訳（給料の支払い）

従業員に対する未払金が引き落とされているので、**未払金（負債）**の減少として処理します。また、振込手数料は**支払手数料（費用）**で処理します。

（給料）	300,000	（所得税預り金）	30,000
（未払金）	5,000	（社会保険料預り金）	13,500
（支払手数料）	350	（普通預金）	261,850

(15) 26日の仕訳（収入印紙の購入）

収入印紙を購入した場合、購入時に**租税公課（費用）**で処理します。

（租税公課）	2,000	（現金）	2,000

(16) 27日の仕訳（クレジット代金の回収）

クレジット販売した代金を回収した場合は、**クレジット売掛金（資産）**の減少として処理します。

（普通預金）	97,000	（クレジット売掛金）	97,000

(17) 28日の仕訳（約束手形の決済）

（支払手形）	45,000	（当座預金）	45,000

(18) 29日の仕訳（貸倒れ）

前年度の売掛金が貸し倒れた場合、貸倒引当金を設定しているときは**貸倒引当金**を取り崩して充当します。

（貸倒引当金）	9,000	（売掛金）	9,000

(19) 30日の仕訳（減価償却）

建物の**減価償却費（費用）**を月額分計上します。

（減価償却費）	2,500	（建物減価償却累計額）	2,500

3．合計試算表の作成

取引を集計して合計試算表を作成します。合計試算表の数値は次のように集計します。

（1）損益計算書項目

売上	120,000円＋300,000円＋64,000円＝**484,000円**
受取利息	**34,000円**
仕入	250,000円＋70,000円＝**320,000円**
給料	**300,000円**
通信費	6,000円＋600円＝**6,600円**
消耗品費	**5,000円**
租税公課	8,000円＋2,000円＝**10,000円**
減価償却費	**2,500円**
発送費	**2,500円**

法定福利費	**13,500円**
支払手数料	350円＋9,000円＋350円＝**9,700円**

（2）貸借対照表項目

現　　　金	（借方）440,000円＋15,000円＝**455,000円** （貸方）2,500円＋27,000円＋20,000円＋600円＋2,000円＝**52,100円**
普通預金	（借方）1,020,000円＋50,000円＋97,000円＝**1,167,000円** （貸方）75,350円＋28,000円＋261,850円＝**365,200円**
当座預金	（借方）**950,000円** （貸方）**45,000円**
受取手形	（借方）350,000円＋54,000円＝**404,000円**
売　掛　金	（借方）475,000円＋120,000円＝**595,000円** （貸方）50,000円＋9,000円＝**59,000円**
クレジット売掛金	（借方）180,000円＋291,000円＝**471,000円** （貸方）**97,000円**
繰越商品	（借方）**440,000円**
貸　付　金	（借方）**600,000円**
貯　蔵　品	（借方）**14,000円** （貸方）**14,000円**
前　払　金	（借方）**150,000円** （貸方）**50,000円**
建　　　物	（借方）**900,000円**
土　　　地	（借方）**1,180,000円**
支払手形	（借方）**45,000円** （貸方）220,000円＋200,000円＋200,000円＝**620,000円**
買　掛　金	（借方）75,000円＋200,000円＝**275,000円** （貸方）320,000円＋50,000円＝**370,000円**
前　受　金	（借方）**10,000円** （貸方）30,000円＋15,000円＝**45,000円**
前受利息	（借方）**34,000円** （貸方）**34,000円**
未　払　金	（借方）**5,000円** （貸方）**5,000円**
所得税預り金	（借方）**28,000円** （貸方）28,000円＋30,000円＝**58,000円**
社会保険料預り金	（借方）**13,500円** （貸方）13,500円＋13,500円＝**27,000円**
貸倒引当金	（借方）**9,000円** （貸方）**15,000円**
建物減価償却累計額	（貸方）120,000円＋2,500円＝**122,500円**
資　本　金	（貸方）**5,000,000円**
繰越利益剰余金	（貸方）**918,500円**

第 4 問	配点 10 点　目標点 8 点

・本問は証ひょうから仕訳を読み取る問題です。
・仕訳自体は標準的な内容ですが、証ひょうからの情報が読み取りづらい部分もあり難易度が高い問題です。販売先と仕入先の勘定科目を間違えないよう注意して解きましょう。

解答（●数字につき配点）

	仕		訳		
	借方科目	金額	貸方科目	金額	
(1)	**売掛金** **発送費**	**450,000** **15,000**	**売上** **現金**	**450,000** **15,000**	❸
(2)	**仕入**	**450,000**	**買掛金**	**450,000**	❷
(3)	**普通預金**	**450,000**	**売掛金**	**450,000**	❷
(4)	**買掛金** **支払手数料**	**450,000** **450**	**当座預金**	**450,450**	❸

解説

1．商品発送時の山梨農機株式会社の仕訳

山梨農機株式会社は営業目的で耕運機を販売しているので**売上（収益）**で処理します。また、納品書兼請求書に振込期限が記載されており、掛けで販売したと読み取れるので**売掛金（資産）**の増加として処理します。

さらに、諸掛りに関しては売主である山梨農機株式会社が負担する記載があるので、販売時に**発送費（費用）**で処理します。

2．商品受取時の株式会社横浜商事の仕訳

株式会社横浜商事は営業目的で耕運機を購入しているので**仕入（費用）**で処理します。

また、納品書兼請求書に振込期限が記載されており、掛けで購入したと読み取れるので**買掛金（負債）**の増加として処理します。

3．販売代金の振り込みを受けたときの山梨農機株式会社の仕訳

販売代金の振り込みを受けたので、**売掛金（資産）**の減少として処理します。

また、振込先は納品書兼請求書に「普通」と記載がありますので、**普通預金（資産）**の増加として処理します。

4．購入代金を振り込んだときの株式会社横浜商事の仕訳

まず、当座勘定照合表に記載があることから、当座預金口座より支払いをしていると読み取れます。したがって、**当座預金（資産）**の減少として処理します。

次に、当座勘定照合表の取引日から購入代金の支払い及び振込手数料の支払いについて処理していると読み取れるので、それぞれ**買掛金（負債）**の減少、**支払手数料（費用）**の発生として処理します。

第 5 問	配点 30 点　目標点 24 点

・本問は貸借対照表と損益計算書の作成問題です。
・未処理事項や仕訳の誤記入がある場合、まずはその修正仕訳を行い、その後に貸倒引当金の設定や減価償却などの決算特有の処理を行いましょう。

解答（●数字につき配点）

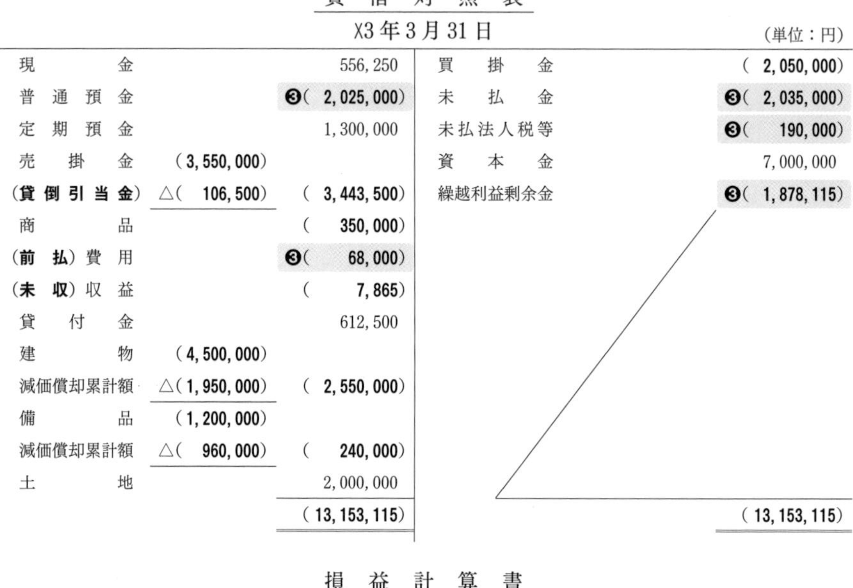

貸借対照表
X3年3月31日　(単位：円)

現金		556,250	買掛金	(2,050,000)
普通預金		❸(2,025,000)	未払金	❸(2,035,000)
定期預金		1,300,000	未払法人税等	❸(190,000)
売掛金	(3,550,000)		資本金	7,000,000
(**貸倒引当金**)	△(106,500)	(3,443,500)	繰越利益剰余金	❸(1,878,115)
商品		(350,000)		
(**前払**)費用		❸(68,000)		
(**未収**)収益		(7,865)		
貸付金		612,500		
建物	(4,500,000)			
減価償却累計額	△(1,950,000)	(2,550,000)		
備品	(1,200,000)			
減価償却累計額	△(960,000)	(240,000)		
土地		2,000,000		
		(13,153,115)		(13,153,115)

損益計算書
X2年4月1日からX3年3月31日まで　(単位：円)

売上原価	❸(3,720,000)	売上高	11,500,000
給料	(5,600,000)	受取利息	❸(20,115)
旅費交通費	(371,000)	(**固定資産売却益**)	❸(75,000)
支払家賃	(204,000)	(**貸倒引当金戻入**)	❸(3,500)
減価償却費	❸(390,000)		
法人税等	(390,000)		
当期純(**利益**)	(923,615)		
	(11,598,615)		(11,598,615)

解説

1．全体像の把握

貸借対照表と損益計算書の作成問題で、決算整理事項等は標準的なレベルです。ただし、誤記入、経過勘定の処理など一部読み取りづらい内容もありますので、解答しやすい部分から解答しましょう。

2．決算整理事項等

（1）旅費交通費に関する処理（未処理事項）

問題文の指示に従い、従業員が立替払いした旅費交通費は**未払金（負債）**の増加として処理します。

（旅費交通費）	35,000	（未払金）	35,000

（2）売掛金に関する処理（未処理事項）

（普通預金）	300,000	（売掛金）	300,000

（3）土地の購入に関する処理（誤処理）

期中に誤った仕訳をしているので、決算時にその誤処理を修正します。

①　誤った仕訳（帳簿に記入されている仕訳）

未払金（負債）で処理しなければならないところ、買掛金で処理しています。

（土地）	750,000	（買掛金）	750,000

②　本来あるべき仕訳

商品以外の購入なので、買掛金ではなく**未払金（負債）**で処理します。

（土地）	750,000	（未払金）	750,000

③　修正仕訳（①の仕訳を②の形に修正するための仕訳）

①の買掛金を減少させるとともに、**未払金（負債）の増加**として処理します。

（買掛金）	750,000	（未払金）	750,000

（4）備品の売却に関する処理（誤処理）

期中に誤った仕訳をしているので、決算時にその誤処理を修正します。

①　誤った仕訳（帳簿に記入されている仕訳）

備品減価償却累計額を考慮しなければならないところ、考慮しないで売却損を計上しています。

（現金）	315,000	（備品）	600,000
（固定資産売却損）	285,000		

② 本来あるべき仕訳

備品減価償却累計額を考慮して処理します。

借方科目	金額	貸方科目	金額
（現　　　　　金）	315,000	（備　　　　　品）	600,000
（備品減価償却累計額）	360,000	（固定資産売却益）	75,000

③ 修正仕訳（①の仕訳を②の形に修正するための仕訳）

減価償却累計額を減少させるとともに、**固定資産売却益**（**収益**）で処理します。

借方科目	金額	貸方科目	金額
（備品減価償却累計額）	360,000	（固定資産売却損）	285,000
		（固定資産売却益）	75,000

（5）売上原価に関する処理

期首の繰越商品を仕入勘定に振り替えます。また、期末に在庫として残っている商品を仕入から繰越商品に振り替えて売上原価を計算します。

借方科目	金額	貸方科目	金額
（仕　　　入）	220,000	（繰　越　商　品）	220,000
（繰　越　商　品）	350,000	（仕　　　入）	350,000

仕入勘定と繰越商品勘定の流れ：

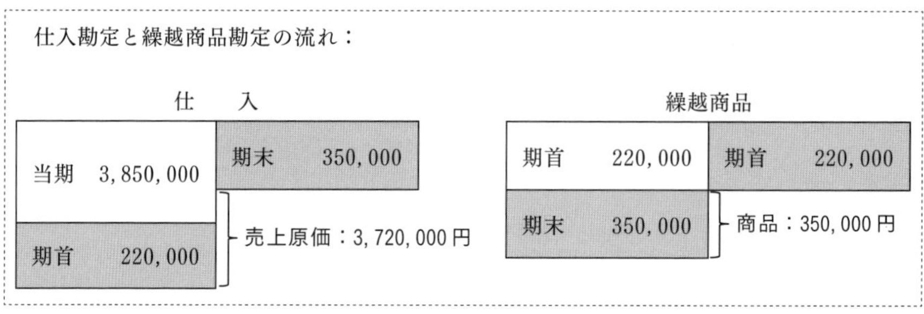

（6）減価償却に関する処理

建物および備品の減価償却費を計上します。

① 建物に関する処理

借方科目	金額	貸方科目	金額
（減　価　償　却　費）	150,000	（建物減価償却累計額）	150,000

減価償却費　：4,500,000円÷30年＝**150,000円**

② 備品に関する処理

借方科目	金額	貸方科目	金額
（減　価　償　却　費）	240,000	（備品減価償却累計額）	240,000

減価償却費　：1,200,000円÷5年＝**240,000円**

（7）貸倒引当金の設定に関する処理

売掛金の期末残高を基準に貸倒引当金を設定します。本問では貸倒引当金残高が設定額を上回っているため、**貸倒引当金戻入（収益）**で処理します。

（貸　倒　引　当　金）	3,500	（貸倒引当金戻入）	3,500

貸倒引当金戻入　：(3,850,000 円－300,000 円) ×3%＝106,500 円
（300,000 円：決算整理事項2）

110,000 円－106,500 円＝**3,500 円**（戻入）

（8）支払家賃に関する処理（前払家賃）

支払家賃のうち、まだ経過していないにもかかわらず支払っている前払金額については**前払家賃（資産）**で処理します。

本問では、「毎期同額」を1年分前払いしているので、決算整理前残高試算表には16か月分計上されていることに注意してください。

（前　払　家　賃）	68,000	（支　払　家　賃）	68,000

前払家賃　：$272,000\text{円}\times\dfrac{4\text{か月（X3年4月～X3年7月）}}{16\text{か月（X2年4月～X3年7月）}}=$ **68,000 円**

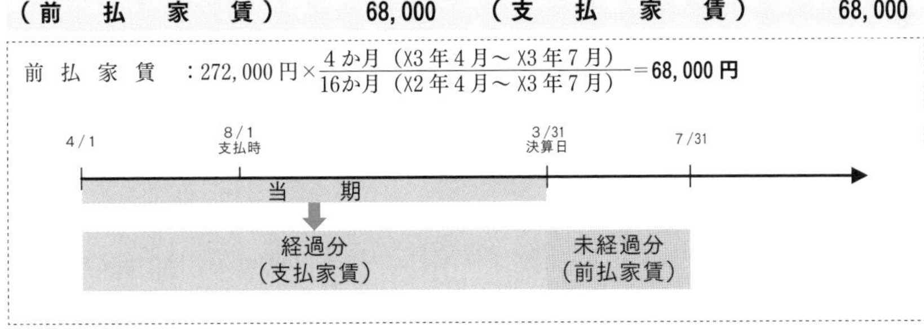

（9）受取利息に関する処理（未収利息）

受取利息のうち、すでに経過しているにもかかわらず受け取っていない未収金額については**未収利息（資産）**で処理します。

（未　収　利　息）	7,865	（受　取　利　息）	7,865

未収利息　：$1,300,000\text{円}\times1.825\%\times\dfrac{121\text{日}}{365\text{日}}=$ **7,865 円**

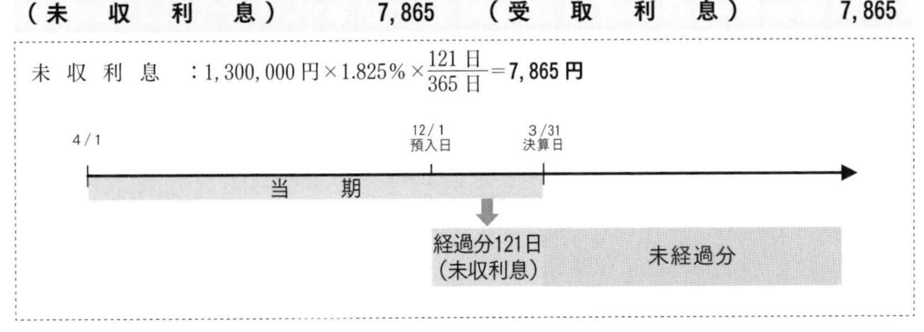

(10) 法人税に関する処理

法人税を計上する場合、**仮払法人税等（資産）**がある場合はその金額を充当し、不足金額について**未払法人税等（負債）**の増加として処理します。

（法　人　税　等）	390,000	（仮払法人税等）	200,000
		（未払法人税等）	190,000

未払法人税等　：390,000円－200,000円＝**190,000円**

3．貸借対照表と損益計算書の作成

残高試算表の金額に決算整理事項等を加味した金額で作成します。なお、貸借対照表の繰越利益剰余金と損益計算書の当期純利益の関係は次のとおりです。

当期純利益と繰越利益剰余金の関係：

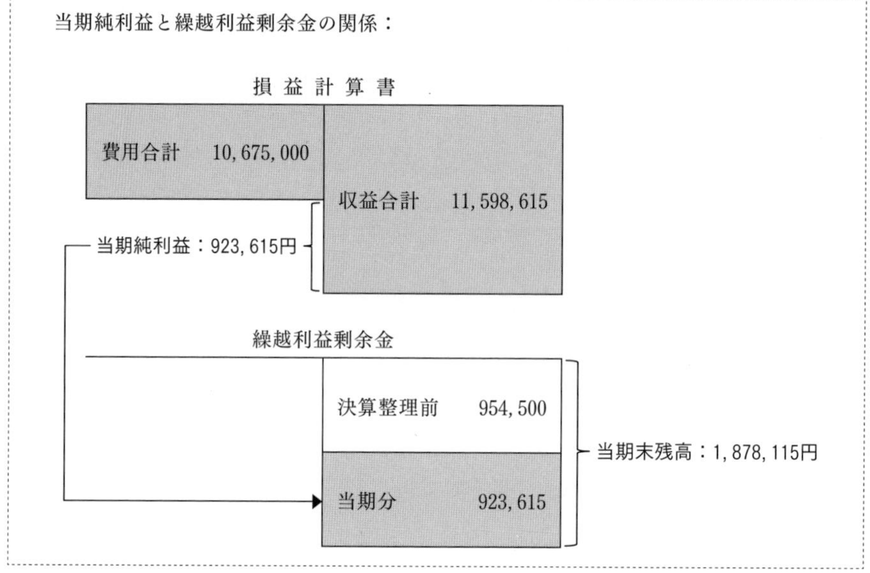

【参考】決算整理後残高試算表

本問で決算整理後残高試算表を作成した場合、次のようになります。貸借対照表、損益計算書との違いを確認しておきましょう。

決算整理後残高試算表

借　　　方	勘　定　科　目	貸　　　方
556,250	現　　　金	
2,025,000	普　通　預　金	
1,300,000	定　期　預　金	
3,550,000	売　掛　金	
350,000	繰　越　商　品	
	仮　払　法　人　税　等	
68,000	前　払　家　賃	
7,865	未　収　利　息	
612,500	貸　付　金	
4,500,000	建　　　物	
1,200,000	備　　　品	
2,000,000	土　　　地	
	買　掛　金	2,050,000
	未　払　金	2,035,000
	未　払　法　人　税　等	190,000
	貸　倒　引　当　金	106,500
	建物減価償却累計額	1,950,000
	備品減価償却累計額	960,000
	資　本　金	7,000,000
	繰越利益剰余金	954,500
	売　　　上	11,500,000
	受　取　利　息	20,115
	貸倒引当金戻入	3,500
	固定資産売却益	75,000
3,720,000	仕　　　入	
5,600,000	給　　　料	
371,000	旅　費　交　通　費	
204,000	支　払　家　賃	
390,000	減　価　償　却　費	
	固定資産売却損	
390,000	法　人　税　等	
26,844,615		26,844,615

第4回 予想問題 解答・解説

	第1問	第2問	第3問	第4問	第5問	合計
目標点	16点	8点	21点	8点	27点	80点
1回目	点	点	点	点	点	点
2回目	点	点	点	点	点	点

解く順番とアドバイス

第 1 問	緊張をほぐすため、まずは問題文全体を読み、簡単な問題から解きましょう。
第 4 問	商品有高帳は得点源ですので、確実に得点しましょう。
第 2 問	分記法と三分法の仕訳を下書用紙に記入し、比較しながら解答しましょう。
第 5 問	第3問の解答時間を考え、予定時間を過ぎたら第3問に進みましょう。
第 3 問	分量が多いので、効率的に解くことを心がけましょう。

第 1 問	配点20点　目標点16点

・まずは、比較的簡単な問2、問3から解きましょう。
・問4は長文ですが、数値は与えられているので勘定科目一覧をヒントに解きましょう。
・問5は証ひょうの読み取りが必要ですが、問われていることは基本的な内容です。

解答（仕訳1組につき各4点）

	仕		訳	
	借方科目	金額	貸方科目	金額
1	**旅費交通費** **雑損**	**60,000** **16,000**	**現金過不足** **受取手数料**	**40,000** **36,000**
2	**受取商品券** **売掛金**	**80,000** **120,000**	**売上**	**200,000**
3	**仕入**	**304,500**	**前払金** **買掛金** **現金**	**30,000** **270,000** **4,500**
4	**給料**	**1,000,000**	**所得税預り金** **社会保険料預り金** **従業員立替金** **普通預金**	**70,000** **94,000** **4,500** **831,500**
5	**仕入** **仮払消費税**	**555,000** **55,500**	**買掛金**	**610,500**

解説

1．現金過不足の処理 － 判明時

1．決算日、過日借方に計上していた現金過不足￥40,000の原因を改めて調査した結果、旅費交通費￥60,000、受取手数料￥36,000の記入漏れが判明した。残額は原因が不明であったので、雑益または雑損として処理する。

・現金過不足の計上時は、次の仕訳をしています。

【計上時の仕訳】

（現金過不足）	40,000	（現　　　金）	40,000

・借方に計上していた原因不明の現金過不足の理由が判明したため、その原因となった取引について処理するとともに、**現金過不足**の減少として処理します。

旅費交通費	：問題文より **60,000円**
雑　　　損	：40,000円＋36,000円－60,000円＝**16,000円（貸借差額）**
現金過不足	：問題文より **40,000円**
受取手数料	：問題文より **36,000円**

2．商品券の処理

2．商品￥200,000を販売し、代金のうち￥80,000は信販会社が発行している商品券で受け取り、残額は後日受け取ることとした。

・商品券を受け取ったときは**受取商品券（資産）**の増加として処理します。

受取商品券	：問題文より **80,000円**
売　掛　金	：200,000円－80,000円＝**120,000円（貸借差額）**
売　　　上	：問題文より **200,000円**

3．商品の仕入れ － 手付金の処理

3．仕入先青山商店に注文していた商品￥300,000が到着し、商品代金のうち10%は手付金として支払済みのため相殺し、残額は掛けとした。なお、商品の引取運賃￥4,500は着払い（当社負担）となっているため現金で支払った。

・手付金支払時に**前払金（資産）**で処理しているため、商品の到着時は前払金の減少として処理します。

【前払時の仕訳】

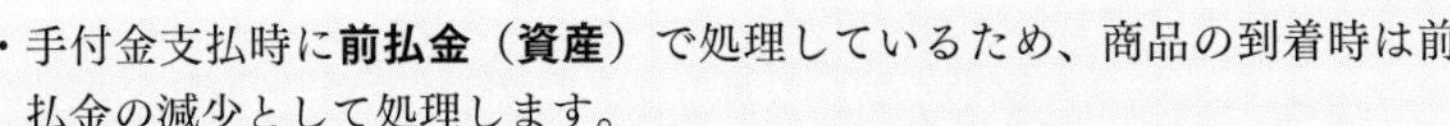

（前　払　金）	30,000	（現金など）	30,000

・引取運賃などの仕入諸掛りは、当社負担の場合は**仕入（費用）**に含めて処理します。

仕　　　入　：300,000円＋4,500円＝**304,500円**
前　払　金　：300,000円×10%＝**30,000円**
買　掛　金　：300,000円－30,000円＝**270,000円**
現　　　金　：問題文より **4,500円**

4．給料に関する処理

4．今月分の従業員に対する給料¥1,000,000を、所得税の源泉徴収分¥70,000および健康保険・厚生年金の社会保険料合計¥94,000、さらに会社側が立て替えて支払った雇用保険の従業員負担分の月額相当額¥4,500を控除し、各従業員の銀行口座へ普通預金口座から振り込んだ。

・所得税の源泉徴収分については**所得税預り金（負債）**の増加、従業員が負担すべき社会保険料については**社会保険料預り金（負債）**の増加として処理します。
・会社が立て替えて支払っていた雇用保険を控除した場合、**従業員立替金（資産）**の減少として処理します。

給　　　料　：問題文より **1,000,000円**
所得税預り金　：問題文より **70,000円**
社会保険料預り金　：問題文より **94,000円**
従業員立替金　：問題文より **4,500円**
普　通　預　金　：1,000,000円－70,000円－94,000円－4,500円＝**831,500円**

5．商品の仕入れ（証ひょう）

5．商品を仕入れ、品物とともに次の納品書を受け取り、代金は後日支払うこととした。

・納品書の読み取りの場合、購入した品物の合計金額を**仕入（費用）**で処理します。
・消費税は仕入には含めず、**仮払消費税（資産）**の増加として処理します。

仕　　　入　：360,000円＋120,000円＋75,000円＝**555,000円**
仮払消費税　：納品書より **55,500円**
買　掛　金　：555,000円＋55,500円＝**610,500円**

第 2 問	配点10点　目標点8点

・本問は商品売買の記帳の比較に関する問題です。
取引の処理は平易な内容ですが、分記法と三分法の数字の意味と、決算振替までの一連の手続きをきちんと理解しているかどうかが問われる問題です。

解答（●数字につき配点）

問1

仕　入

3/10	（買掛金）	（3,000）	3/27	（買掛金）	（300）
15	❷（買掛金）	（8,000）	31	（繰越商品）	（9,700）
25	（買掛金）	（3,500）	〃	❷（損益）	（10,000）
31	❷（繰越商品）	（5,500）			
		（20,000）			（20,000）

問2

売　上

3/31	❷（損益）	（12,500）	3/12	（売掛金）	（3,500）
			16	❷（売掛金）	（9,000）
		（12,500）			（12,500）

解説

1．取引の仕訳

本問は分記法で記帳してある資料にもとづき、三分法で記帳させる問題です。したがって、分記法でどのような処理を行っているかを確認しつつ解答します。

（1）期中取引の比較

分記法と三分法の期中取引は次のとおりです。

	分記法				三分法			
	（借方）		（貸方）		（借方）		（貸方）	
3/10	商品	3,000	買掛金	3,000	**仕入**	**3,000**	買掛金	3,000
3/12	売掛金	3,500	商品	2,800	売掛金	3,500	**売上**	**3,500**
			商品売買益	700				
3/15	商品	8,000	買掛金	8,000	**仕入**	**8,000**	買掛金	8,000
3/16	売掛金	9,000	商品	7,200	売掛金	9,000	**売上**	**9,000**
			商品売買益	1,800				
3/25	商品	3,500	買掛金	3,500	**仕入**	**3,500**	買掛金	3,500
3/27	買掛金	300	商品	300	買掛金	300	**仕入**	**300**

(2) 決算整理仕訳

三分法は決算整理が必要なので、商品勘定の前期繰越額と次期繰越額の金額を用いて決算整理仕訳をします。

(仕　　　　　入)	5,500	(繰　越　商　品)	5,500
(繰　越　商　品)	9,700	(仕　　　　　入)	9,700

(3) 決算振替仕訳

仕入勘定と売上勘定の貸借差額を損益勘定に振り替えます。

(損　　　　　益)	10,000	(仕　　　　　入)	10,000

損　　益 ：仕入勘定の貸借差額 10,000 円

(売　　　　　上)	12,500	(損　　　　　益)	12,500

損　　益 ：売上勘定の貸借差額 12,500 円

第３問	配点30点　目標点21点

・本問は日々の取引から合計残高試算表を作成する問題です。
・仕訳自体は平易な内容ですが、解答箇所が多く、また当座預金や売掛金、買掛金などは集計段階でミスをしやすいので、仕訳時に銀行名や企業名まで記入し、転記ミスをしないよう工夫して解答しましょう。

解答（●数字につき配点）

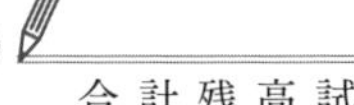

合計残高試算表
X2年11月30日

借方 残高	借方 合計	勘定科目	貸方 合計	貸方 残高
❸ 540,000	2,500,000	現金	1,960,000	
❸ 2,705,000	4,285,000	当座預金南関東銀行	1,580,000	
❸ 752,000	2,010,000	当座預金北東京銀行	1,258,000	
875,000	2,605,000	売掛金	1,730,000	
❸ 300,000	960,000	電子記録債権	660,000	
400,000	400,000	繰越商品		
100,000	185,000	前払金	85,000	
14,000	17,000	立替金	3,000	
500,000	1,000,000	貸付金	500,000	
600,000	600,000	備品		
	1,610,000	買掛金	2,062,000	452,000
	155,000	電子記録債務	391,000	❸ 236,000
	222,000	前受金	395,000	❸ 173,000
	15,000	所得税預り金	31,000	16,000
	22,000	社会保険料預り金	46,000	24,000
		資本金	4,600,000	4,600,000
		繰越利益剰余金	708,000	708,000
	60,000	売上	5,980,000	❸ 5,920,000
		受取利息	85,000	85,000
❸ 3,440,000	3,482,000	仕入	42,000	
1,600,000	1,600,000	給料		
145,000	145,000	通信費		
243,000	243,000	旅費交通費		
12,214,000	22,116,000		22,116,000	12,214,000

売掛金明細表

	11月24日	11月30日
池袋商店	¥ 700,000	❸ ¥ 565,000
立川商店	300,000	310,000
	¥ 1,000,000	¥ 875,000

買掛金明細表

	11月24日	11月30日
大宮商店	¥ 450,000	¥ 310,000
熊谷商店	180,000	❸ 142,000
	¥ 630,000	¥ 452,000

解説 

1．全体像の把握

本問は当座預金口座が複数設定されているので、当座預金への預け入れ、引き出しにつきどの当座預金口座で処理されているか把握する必要があります。また、売掛金、買掛金についても取引先ごとに把握する必要があります。したがって、下書用紙の記入時に銀行名や商店名まで記入します。

2．期中取引の処理

（1）25日の仕訳

①仕入

取引の契約時に手付金を支払っていますので、商品の引き取り時に**前払金（資産）**の減少として処理します。

（仕　　入）	200,000	（前　払　金）	50,000
		（買掛金・大宮）	150,000

②給料支払い

所得税の源泉徴収分は**所得税預り金（負債）**の増加として処理します。また、社会保険料の従業員負担分については**社会保険料預り金（負債）**で処理します。

（給　　料）	400,000	（所得税預り金）	16,000
		（社会保険料預り金）	24,000
		（当座預金北東京銀行）	360,000

当座預金北東京銀行　：400,000円－16,000円－24,000円＝**360,000円**

（2）26日の仕訳

①売上

取引の契約時に手付金を受け取っていますので、商品の引き渡し時に**前受金（負債）**の減少として処理します。また、先方負担の発送費は問題文の指示に従い**立替金（資産）**で処理します。

（前　受　金）	150,000	（売　　上）	350,000
（売掛金・立川）	200,000		
（立　替　金）	5,000	（現　　金）	5,000

②買掛金支払い

（買掛金・大宮）	120,000	（当座預金南関東銀行）	120,000
（買掛金・熊谷）	90,000	（当座預金南関東銀行）	90,000

（3）27日の仕訳

①仕入

（仕　入）	82,000	（買掛金・熊谷）	82,000

②経費支払い

（通信費）	45,000	（当座預金北東京銀行）	45,000

（4）28日の仕訳

①売上

取引の契約時に手付金を受け取っていますので、商品の引き渡し時に**前受金（負債）**の減少として処理します。また、先方負担の発送費は問題文の指示に従い**売掛金（資産）**の増加として処理します。

（前受金）	30,000	（売　上）	230,000
（売掛金・池袋）	205,000	（現　金）	5,000

売掛金・池袋　：200,000円+5,000円=**205,000円**

②電子記録債務

電子記録債務の発生記録を行った場合、**電子記録債務（負債）**の増加として処理します。

（買掛金・大宮）	170,000	（電子記録債務）	170,000

③仕入戻し

（買掛金・熊谷）	30,000	（仕　入）	30,000

④売上戻り

（売　上）	45,000	（売掛金・立川）	45,000

（5）29日の仕訳

①売掛金回収

（当座預金南関東銀行）	180,000	（売掛金・池袋）	180,000
（当座預金南関東銀行）	145,000	（売掛金・立川）	145,000

②電子記録債権

電子記録債権の発生記録を行った場合、**電子記録債権（資産）**の増加として処理します。

（電子記録債権）	160,000	（売掛金・池袋）	160,000

（6）30日の仕訳

①電子記録債権

電子記録債権が消滅した場合、**電子記録債権（資産）**の減少として処理します。

借方	金額	貸方	金額
（当座預金南関東銀行）	210,000	（電子記録債権）	210,000

②電子記録債務

電子記録債務が消滅した場合、**電子記録債務（負債）**の減少として処理します。

借方	金額	貸方	金額
（電子記録債務）	70,000	（当座預金南関東銀行）	70,000

③経費支払い

借方	金額	貸方	金額
（旅費交通費）	33,000	（当座預金北東京銀行）	33,000

④貸付金回収

借方	金額	貸方	金額
（当座預金北東京銀行）	510,000	（貸付金）	500,000
		（受取利息）	10,000

3．合計残高試算表の作成

取引を集計して合計残高試算表を作成します。残高試算表の数値は差額で計算します。

（1）損益計算書項目

売上	（借方）15,000円＋45,000円＝**60,000円** （貸方）5,400,000円＋350,000円＋230,000円＝**5,980,000円** 差額→5,980,000円－60,000円＝**5,920,000円（貸方）**
受取利息	（貸方）75,000円＋10,000円＝**85,000円**
仕入	（借方）3,200,000円＋200,000円＋82,000円＝**3,482,000円** （貸方）12,000円＋30,000円＝**42,000円** 差額→3,482,000円－42,000円＝**3,440,000円（借方）**
給料	（借方）1,200,000円＋400,000円＝**1,600,000円**
通信費	（借方）100,000円＋45,000円＝**145,000円**
旅費交通費	（借方）210,000円＋33,000円＝**243,000円**

（2）貸借対照表項目

現金	（借方）**2,500,000円** （貸方）1,950,000円＋5,000円＋5,000円＝**1,960,000円** 差額→2,500,000円－1,960,000円＝**540,000円（借方）**
当座預金南関東銀行	（借方）3,750,000円＋180,000円＋145,000円＋210,000円 ＝**4,285,000円** （貸方）1,300,000円＋120,000円＋90,000円＋70,000円 ＝**1,580,000円** 差額→4,285,000円－1,580,000円＝**2,705,000円（借方）**

当座預金北東京銀行	（借方）1,500,000円＋510,000円＝**2,010,000円** （貸方）820,000円＋360,000円＋45,000円＋33,000円 ＝**1,258,000円** 差額→2,010,000円－1,258,000円＝**752,000円（借方）**
売　掛　金	（借方）2,200,000円＋200,000円＋205,000円＝**2,605,000円** （貸方）1,200,000円＋45,000円＋180,000円＋145,000円＋160,000円＝**1,730,000円** 差額→2,605,000円－1,730,000円＝**875,000円（借方）**
電子記録債権	（借方）800,000円＋160,000円＝**960,000円** （貸方）450,000円＋210,000円＝**660,000円** 差額→960,000円－660,000円＝**300,000円（借方）**
繰越商品	（借方）**400,000円**
前　払　金	（借方）**185,000円** （貸方）35,000円＋50,000円＝**85,000円** 差額→185,000円－85,000円＝**100,000円（借方）**
立　替　金	（借方）12,000円＋5,000円＝**17,000円** （貸方）**3,000円** 差額→17,000円－3,000円＝**14,000円（借方）**
貸　付　金	（借方）**1,000,000円** （貸方）**500,000円** 差額→1,000,000円－500,000円＝**500,000円（借方）**
備　品	（借方）**600,000円**
買　掛　金	（借方）1,200,000円＋120,000円＋90,000円＋170,000円＋30,000円＝**1,610,000円** （貸方）1,830,000円＋150,000円＋82,000円＝**2,062,000円** 差額→2,062,000円－1,610,000円＝**452,000円（貸方）**
電子記録債務	（借方）85,000円＋70,000円＝**155,000円** （貸方）221,000円＋170,000円＝**391,000円** 差額→391,000円－155,000円＝**236,000円（貸方）**
前　受　金	（借方）42,000円＋150,000円＋30,000円＝**222,000円** （貸方）**395,000円** 差額→395,000円－222,000円＝**173,000円（貸方）**
所得税預り金	（借方）**15,000円** （貸方）15,000円＋16,000円＝**31,000円** 差額→31,000円－15,000円＝**16,000円（貸方）**
社会保険料預り金	（借方）**22,000円** （貸方）22,000円＋24,000円＝**46,000円** 差額→46,000円－22,000円＝**24,000円（貸方）**
資　本　金	（貸方）**4,600,000円**
繰越利益剰余金	（貸方）**708,000円**

4．売掛金明細表、買掛金明細表の作成

売掛金明細表と買掛金明細表は、売掛金勘定と買掛金勘定の明細を明らかにする表ですので、取引相手ごとに計算して集計します。

（1）売掛金明細表

池袋商店	700,000円＋205,000円－180,000円－160,000円＝**565,000円**
立川商店	300,000円＋200,000円－45,000円－145,000円＝**310,000円**

売掛金

24日	1,000,000	28日	45,000
26日	200,000	29日	180,000
28日	205,000	29日	145,000
		29日	160,000
		30日	**875,000**

池袋商店

24日	700,000	29日	180,000
28日	205,000	29日	160,000
		30日	**565,000**

立川商店

24日	300,000	28日	45,000
26日	200,000	29日	145,000
		30日	**310,000**

（2）買掛金明細表

大宮商店	450,000円＋150,000円－120,000円－170,000円＝**310,000円**
熊谷商店	180,000円－90,000円＋82,000円－30,000円＝**142,000円**

買掛金

26日	120,000	24日	630,000
26日	90,000	25日	150,000
28日	170,000	27日	82,000
28日	30,000		
30日	**452,000**		

大宮商店

26日	120,000	24日	450,000
28日	170,000	25日	150,000
30日	**310,000**		

熊谷商店

26日	90,000	24日	180,000
28日	30,000	27日	82,000
30日	**142,000**		

第 4 問	配点 10 点　目標点 8 点

- 本問では移動平均法と先入先出法が問われています。
- 取引に返品がありますので、記帳方法に注意して商品有高帳を作成しましょう。
- 先入先出法の次期繰越高は、その払い出し方法の特徴を考えて解答しましょう。

解答（●数字につき配点）

問1

商　品　有　高　帳

A 商 品

（移動平均法）

×2年		摘　要	受入			払出			残高		
			数量	単価	金額	数量	単価	金額	数量	単価	金額
9	1	前月繰越	150	400	60,000				150	400	60,000
	7	仕　入	50	420	21,000				200	405	81,000
	10	売　上				140	405	56,700	❷ 60	405	24,300
	13	売上戻り	❷ 40	405	16,200				100	405	40,500
	20	仕　入	25	380	9,500				125	400	50,000
	25	売　上				110	400	44,000	15	400	6,000
	30	次月繰越				❷ 15	400	6,000			
			265	—	106,700	265	—	106,700			

問2

売上高	¥　123,800
売上原価	¥　84,500
売上総利益	¥❷ 39,300

問3

先入先出法による次期繰越額

¥ ❷ 5,700

1．商品有高帳の作成（問 1）

まず、答案用紙の商品有高帳を作成します。問 1 は移動平均法で計算しますので、受入の都度、平均単価を計算します。

（1）9月7日　仕入時の処理

仕入時の仕訳をするとともに、前期繰越を加味した残高を計算します。

（仕　入）	21,000	（現金など）	21,000

受　入	50 個×@ 420 円＝**21,000 円**
残　高	数量：150 個（月初）＋50 個（7 日）＝**200 個** 金額：60,000 円（月初）＋21,000 円（7 日）＝**81,000 円** 単価：$\frac{60,000\text{円（月初）}+21,000\text{円（7日）}}{150\text{個（月初）}+50\text{個（7日）}}$＝**405 円**

（2）9月10日　売上時の処理

7 日に計算した単価で計算します。なお、商品の払出単価は原価で計算し、仕訳上の金額は売価で計算します。

（現金など）	84,000	（売　上）	84,000

売上高	140 個×@ 600 円＝**84,000 円**
払　出	140 個×@ 405 円＝**56,700 円**
残　高	200 個－140 個＝**60 個** 60 個×@ 405 円＝**24,300 円**

（3）9月13日　返品時の処理

10 日に販売した商品の返品処理を行います。なお、問題文の指示により返品に関しては受入欄に記入します。

（売　上）	24,000	（現金など）	24,000

売上高	40 個×@ 600 円＝**24,000 円（減少）**
受　入	40 個×@ 405 円＝**16,200 円**
残　高	60 個＋40 個＝**100 個** 100 個×@ 405 円＝**40,500 円**

（4）9月20日　仕入時の処理

仕入時の仕訳をするとともに、残高を計算します。

（仕　　入）	9,500	（現　金　な　ど）	9,500

受　　入	25個×@380円＝9,500円
残　　高	数量：100個（13日）＋25個（20日）＝**125個** 金額：40,500円（13日）＋9,500円（20日）＝**50,000円** 単価：$\frac{40,500円（13日）+9,500円（20日）}{100個（13日）+25個（20日）}$＝**400円**

（5）9月25日　売上時の処理

20日に計算した単価で計算します。なお、商品の払出単価は原価で計算し、仕訳上の金額は売価で計算します。

（現　金　な　ど）	63,800	（売　　上）	63,800

売　上　高	110個×@580円＝**63,800円**
払　　出	110個×@400円＝**44,000円**
残　　高	125個－110個＝**15個** 15個×@400円＝**6,000円**

（6）商品有高帳の締め切り

残高欄の金額を、次月繰越高として払出欄に記入します。

2．売上高、売上原価、売上総利益の計算（問2）

問1で作成した商品有高帳を参考に計算します。なお、払出欄の金額は売上の返品を考慮してませんので、返品額を考慮して計算します。

売 上 高	84,000円（10日）－24,000円（13日）＋63,800円（25日）＝**123,800円**
売上原価	56,700円（10日）－16,200円（13日）＋44,000円（25日）＝**84,500円**
売上総利益	123,800円－84,500円＝**39,300円**

3．先入先出法で計算した場合の次月繰越額（問3）

先入先出法では、先に受け入れた商品から払い出すと仮定して払出単価を計算します。したがって、本問の在庫15個は、月末の直前に仕入れた20日仕入分が在庫で残っていると判明するので、20日の受入単価を使って次月繰越額を計算します。

次月繰越額	15個（月末残高）×@380円（20日）＝**5,700円**

第 5 問	配点 30 点　目標点 27 点

・本問では精算表の作成が問われています。
・期末商品の計算について「仕入勘定」で計算する方法ではなく「売上原価勘定」で計算する方法を出題しています。理解してしまえば簡単な内容なので、仕入勘定で処理する方法と対比させて理解しましょう。

解答（●数字につき配点）

精　算　表

勘定科目	試算表		修正記入		損益計算書		貸借対照表	
	借方	貸方	借方	貸方	借方	貸方	借方	貸方
現金	24,200			200			❸ 24,000	
当座預金	134,200						134,200	
売掛金	3,070,000			70,000			❸3,000,000	
繰越商品	105,000		165,000	105,000			165,000	
仮払消費税	91,000			91,000				
建物	800,000						800,000	
備品	300,000						300,000	
買掛金		90,000						90,000
仮受消費税		168,000	168,000					
貸倒引当金		45,000	45,000	30,000				❸ 30,000
建物減価償却累計額		368,000		16,000				384,000
備品減価償却累計額		100,000		50,000				150,000
資本金		3,200,000						3,200,000
繰越利益剰余金		271,640						271,640
売上		1,680,000				1,680,000		
受取手数料		22,000		15,000		❸ 37,000		
仕入	910,000			910,000				
給料	300,000		20,000		320,000			
通信費	150,240			21,840	128,400			
保険料	60,000			40,000	20,000			
	5,944,640	5,944,640						
売上原価			105,000	165,000	❸ 850,000			
			910,000					
貸倒引当金繰入			30,000		30,000			
減価償却費			66,000		❸ 66,000			
貸倒損失			25,000		25,000			
雑損			200		200			
貯蔵品			21,840				❸ 21,840	
（未収）手数料			15,000				15,000	
（前払）保険料			40,000				40,000	❸
（未払）給料				20,000				20,000
（未払）消費税				77,000				77,000 ❸
当期純**（利益）**					277,400			277,400 ❸
			1,611,040	1,611,040	1,717,000	1,717,000	4,500,040	4,500,040

解説

1．全体像の把握

精算表の作成の配点箇所は、主に損益計算書欄および貸借対照表欄と想定されています。したがって、決算整理事項等の仕訳を行った際は「修正記入欄」を記入後、そのまま損益計算書または貸借対照表まで記入し確実に得点を重ねていきましょう。

2．決算整理事項等

（1）現金過不足に関する処理

現金の不足額の雑損（費用）または雑益（収益）で処理します。

借方	金額	貸方	金額
（雑　　損）	**200**	**（現　　金）**	**200**

雑　　損　：24,200円－24,000円＝**200円**

（2）貸倒れに関する処理

前年度の売掛金が貸し倒れた場合、貸倒引当金を設定しているときは**貸倒引当金**を取り崩して充当します。なお、貸倒引当金の金額が不足している場合は、その不足額については**貸倒損失（費用）**として処理します。

借方	金額	貸方	金額
（貸倒引当金）	**45,000**	**（売　掛　金）**	**70,000**
（貸倒損失）	**25,000**		

貸倒損失　：70,000円－45,000円＝**25,000円**

（3）貯蔵品に関する処理

郵便切手は換金性が高いことから、未使用分については決算時に**貯蔵品（資産）**へ振り替えます。

借方	金額	貸方	金額
（貯　蔵　品）	**21,840**	**（通　信　費）**	**21,840**

貯　蔵　品　：@63円×80枚＋@84円×200枚＝**21,840円**

（4）消費税に関する処理

預かっている消費税（仮受消費税）とすでに支払った消費税（仮払消費税）の差額を、**未払消費税（負債）**として処理します。

借方	金額	貸方	金額
（仮受消費税）	**168,000**	**（仮払消費税）**	**91,000**
		（未払消費税）	**77,000**

未払消費税　：168,000円－91,000円＝**77,000円**

（5）売上原価に関する処理

期首の繰越商品および当期の仕入高を売上原価勘定に振り替えます。また、期末に在庫として残っている商品を売上原価勘定から繰越商品勘定へ振り替えて売上原価を計算します。

借方科目	金額	貸方科目	金額
（売　上　原　価）	105,000	（繰　越　商　品）	105,000
（売　上　原　価）	910,000	（仕　　　　入）	910,000
（繰　越　商　品）	165,000	（売　上　原　価）	165,000

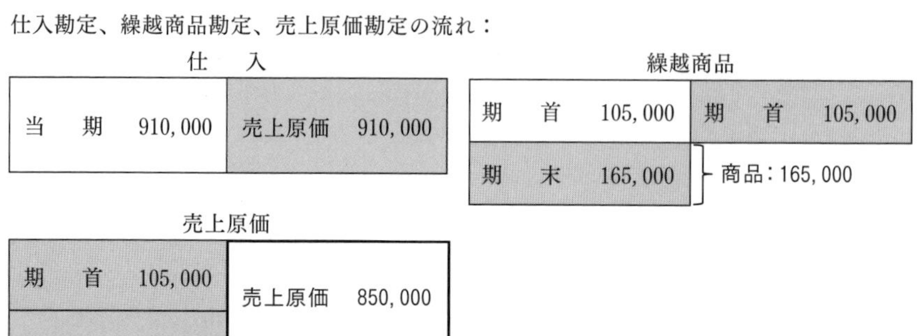

（6）減価償却に関する処理

建物および備品の減価償却費を計上します。

①建物に関する処理

借方科目	金額	貸方科目	金額
（減　価　償　却　費）	16,000	（建物減価償却累計額）	16,000

減価償却費　：800,000円÷50年＝**16,000円**

②備品に関する処理

借方科目	金額	貸方科目	金額
（減　価　償　却　費）	50,000	（備品減価償却累計額）	50,000

減価償却費　：300,000円÷6年＝**50,000円**

（7）貸倒引当金の設定に関する処理

売掛金の期末残高を基準に貸倒引当金を設定します。

借方科目	金額	貸方科目	金額
（貸倒引当金繰入）	30,000	（貸　倒　引　当　金）	30,000

貸倒引当金繰入　：(3,070,000円－70,000円（(2)より）)×1％＝30,000円

(45,000円－45,000円（(2)より）)＋30,000円＝**30,000円**

（8）受取手数料に関する処理（未収手数料）

受取手数料のうち、すでに経過しているにもかかわらず受け取っていない未収金額については**未収手数料（資産）**で処理します。

（未収手数料）	15,000	（受取手数料）	15,000

（9）給料に関する処理（未払給料）

すでに経過しているにもかかわらず支払っていない未払いの給料については**未払給料（負債）**で処理します。

（給料）	20,000	（未払給料）	20,000

（10）保険料に関する処理（前払保険料）

保険料のうち、まだ経過していないにもかかわらず支払っている前払金額については**前払保険料（資産）**で処理します。

（前払保険料）	40,000	（保険料）	40,000

前払保険料　：60,000円×$\frac{8\text{か月}}{12\text{か月}}$＝**40,000円**

第152回 簿記検定試験 解答・解説

	第1問	第2問	第3問	第4問	第5問	合計
目標点	16点	8点	27点	10点	24点	85点
1回目	点	点	点	点	点	点
2回目	点	点	点	点	点	点

解く順番とアドバイス

第1問	緊張をほぐすため、まずは問題文全体を読み、簡単な問題から解きましょう。
第4問	落ち着いて解けば満点問題です。基本的な問題こそ大切にしましょう。
第2問	仕訳を下書用紙に記入して、補助簿と一つ一つ照らし合わせて考えましょう。
第5問	貸借一致しなかった場合、第3問から先に進め、余った時間で考えましょう。
第3問	取引量が多いので、自信がない箇所は飛ばして先へ進みましょう。

第1問 配点20点 目標点16点

・まずは、比較的簡単な問1、問4、問5から解きましょう。
・問2は手形を振り出して借り入れていたという文言に注意しましょう。
・問3は概算額では不足していた場合の処理ですので、未払金に注意しましょう。

解答（仕訳1組につき各4点）

	仕訳			
	借方科目	金額	貸方科目	金額
1	**租税公課**	**500,000**	**当座預金**	**500,000**
2	**手形借入金**	**1,000,000**	**当座預金**	**1,000,000**
3	**旅費交通費**	**75,000**	**仮払金** **未払金**	**50,000** **25,000**
4	**普通預金**	**1,500,000**	**資本金**	**1,500,000**
5	**備品** **消耗品費**	**550,000** **5,000**	**普通預金**	**555,000**

解説

1．税金の処理 － 固定資産税

> 1．建物および土地の固定資産税￥500,000の納付書を受け取り、未払金に計上することなく、ただちに当座預金口座から振り込んで納付した。

・固定資産税の納付書を受け取った場合、**租税公課（費用）**で処理します。
・問題文に当座預金口座から振り込んだとあるため、**当座預金（資産）**の減少として処理します。

租　税　公　課	：問題文より **500,000円**
当　座　預　金	：問題文より **500,000円**

2．手形借入金 － 返済

> 2．かねて手形を振り出して借り入れていた￥1,000,000の返済期日をむかえ、同額が当座預金口座から引き落とされるとともに、手形の返却を受けた。

・金銭の借入時に手形を振り出す場合、**手形借入金（負債）**の増加として処理します。なお、本問では返済期日をむかえて金銭を返済しているため、金銭の返済に伴い手形借入金を減少させます。

手 形 借 入 金	：問題文より **1,000,000円**
当　座　預　金	：問題文より **1,000,000円**

3．旅費交通費の処理

> 3．従業員が出張から帰社し、旅費の精算を行ったところ、あらかじめ概算額で仮払いしていた￥50,000では足りず、不足額￥25,000を従業員が立替払いしていた。なお、この不足額は次の給料支払時に従業員へ支払うため、未払金として計上した。

・旅費の概算額を仮払いした場合、次の処理をします。

【仮払時の仕訳】

（仮　払　金）	**50,000**	**（現 金 な ど）**	**50,000**

・概算額が確定した場合、確定金額を**旅費交通費（費用）**で処理するとともに、**仮払金（資産）**を減少させます。
・本問では不足額が発生し、その不足額は給与支払時に支払うので**未払金（負債）**の増加として処理します。

旅費交通費	：50,000円+25,000円=**75,000円**
仮 払 金	：問題文より**50,000円**
未 払 金	：問題文より**25,000円**

4．設立時の処理

4．1株当たり¥100,000で15株の株式を発行し、合計¥1,500,000の払込みを受けて株式会社を設立した。払込金はすべて普通預金口座に預け入れられた。

・会社を設立した場合、その払込金額は原則として**資本金（資本）**の増加として処理します。
・払込金は普通預金としているため**普通預金（資産）**の増加として処理します。

普通預金	：問題文より**1,500,000円**
資 本 金	：問題文より**1,500,000円**

5．固定資産・消耗品 － 購入時の処理

5．事務用のオフィス機器¥550,000とコピー用紙¥5,000を購入し、代金の合計を普通預金口座から振り込んだ。

・オフィス機器を購入しているので、**備品（資産）**の増加として処理します。
・コピー用紙のような消耗品については、購入時に**消耗品費（費用）**で費用処理します。

備 品	：問題文より**550,000円**
消耗品費	：問題文より**5,000円**
普通預金	：550,000円+5,000円=**555,000円**

第 2 問	配点 10 点　目標点 8 点

・補助簿の選択問題は、仕訳をした後、どの補助簿に転記するかを意識して解答することがポイントです。
・固定資産の購入は、固定資産の代金に購入手数料や整地費用などの付随費用を含める点に注意してください。

解答（問1：日付の○印がすべて正解で各2点）（問2：金額と○印が正解で2点）

問1

日付＼補助簿	現金出納帳	当座預金出納帳	商品有高帳	売掛金元帳（得意先元帳）	買掛金元帳（仕入先元帳）	仕入帳	売上帳	固定資産台帳
2日			○		○	○		
16日	○	○						○
18日	○		○	○			○	
25日				○				

問2

¥（　　882,000　）の固定資産売却（　損　・　㊎益　）

（注）（　　）内の損か益のいずれかに○印をつけること。

解説

1．補助簿の選択（問1）

（1）2日の取引

（買 掛 金）	20,000	（仕 入）	20,000

買　掛　金　：**買掛金元帳**
仕　　　入　：**仕入帳、商品有高帳**

（2）16日の取引

固定資産の取得原価は、固定資産の代金に購入手数料や整地費用などの付随費用を含めます。

（土 地）	5,598,000	（当 座 預 金）	5,400,000
		（現 金）	198,000

土　　　地　：**固定資産台帳**
当 座 預 金　：**当座預金出納帳**
現　　　金　：**現金出納帳**

（3）18日の取引

立替払いした他社負担の発送費は、**売掛金（資産）**に含めて処理します。

（前受金）	**40,000**	**（売上）**	**450,000**
（売掛金）	**413,000**	**（現金）**	**3,000**

売　掛　金　：**売掛金元帳**
売　　　上　：**売上帳、商品有高帳**
現　　　金　：**現金出納帳**

（4）25日の取引

前期販売分の売掛金が貸し倒れた場合、**売掛金（資産）**の減少として処理するとともに、**貸倒引当金**を取り崩して処理します。なお、貸倒引当金の残高を超える場合は**貸倒損失（費用）**で処理します。

（貸倒引当金）	**160,000**	**（売掛金）**	**370,000**
（貸倒損失）	**210,000**		

売　掛　金　：**売掛金元帳**

2．土地の売却（問2）

固定資産を売却した場合、売却価額と帳簿価額の差額を**固定資産売却損（費用）**、または**固定資産売却益（収益）**で処理します。

（現金など）	**6,480,000**	**（土地）**	**5,598,000**
		（固定資産売却益）	**882,000**

現　金　な　ど　：180㎡×36,000円＝**6,480,000円**
土　　　　　地　：16日の取引より**5,598,000円**
固定資産売却益　：6,480,000円－5,598,000円＝**882,000円（売却益）**

第 3 問	配点 30 点　目標点 27 点

・本問は日々の取引から残高試算表を作成する問題です。
・現金取引や掛取引など期中取引で頻繁に行われる取引については、集計ミスをしないよう注意して下書き用紙にまとめましょう。

解答（●数字につき配点）

残　高　試　算　表

X1 年 9 月 30 日

借　方	勘 定 科 目	貸　方
❸ 284,000	現　　金	
❸ 1,240,000	当座預金	
380,000	受取手形	
❸ 576,000	クレジット売掛金	
40,000	前　払　金	
360,000	繰越商品	
600,000	備　　品	
❸ 520,000	差入保証金	
	支払手形	696,000
	買　掛　金	❸ 294,000
	所得税預り金	❸ 15,000
	貸倒引当金	40,000
	備品減価償却累計額	180,000
	資　本　金	1,500,000
	繰越利益剰余金	968,000
	売　　上	❸ 8,400,000
	受取利息	3,000
❸ 3,930,000	仕　　入	
1,900,000	給　　料	
507,000	水道光熱費	
❸ 1,360,000	支払家賃	
❸ 313,000	支払手数料	
86,000	消耗品費	
12,096,000		12,096,000

1．全体像の把握

まず問題文を読み、どの順序で解くのが効率的か考えましょう。問題自体は平易ですが、取引量が多く集計ミスが生じる可能性もあるため、商品売買以外の取引から解答し着実に得点を重ねていきましょう。

2．期中取引の処理

（1）1日の仕訳（貸付金の回収）

元利合計とは、元金と利息の合計額のことで、本問だと貸付金と受取利息の合計額303,000円になります。

借方	金額	貸方	金額
（当座預金）	303,000	（貸付金）	300,000
		（受取利息）	3,000

受取利息　：300,000円×4％×$\frac{3か月}{12か月}$＝**3,000円**

（2）2日の仕訳（商品の仕入れ）

借方	金額	貸方	金額
（仕入）	240,000	（前払金）	75,000
		（買掛金）	165,000

（3）3日の仕訳（クレジットでの販売）

クレジット払いで販売した場合は**クレジット売掛金**（**資産**）の増加として処理します。なお、問題文の指示に従い**支払手数料**（**費用**）を販売時に計上します。

借方	金額	貸方	金額
（クレジット売掛金）	576,000	（売上）	600,000
（支払手数料）	24,000		

支払手数料　：600,000円×4％＝**24,000円**

（4）5日の仕訳（約束手形の振出し）

借方	金額	貸方	金額
（買掛金）	180,000	（支払手形）	180,000

（5）6日の仕訳（源泉徴収の納付）

源泉徴収額を納付した場合、**所得税預り金**（**負債**）の減少として処理します。

借方	金額	貸方	金額
（所得税預り金）	20,000	（現金）	20,000

（6）8日の仕訳（賃貸契約）

保証金は、基本的には解約時に返金されますので**差入保証金**（**資産**）の増加として処理します。また、仲介手数料は**支払手数料**（**費用**）として処理します。

（差入保証金）	320,000	（当座預金）	480,000
（支払手数料）	160,000		

（7）12日の仕訳（商品の仕入れ）

（仕入）	390,000	（支払手形）	390,000

（8）13日の仕訳（商品の売上げ）

（受取手形）	200,000	（売上）	200,000

（9）16日の仕訳（約束手形の決済）

（支払手形）	250,000	（当座預金）	250,000

（10）19日の仕訳（クレジット代金の回収）

（当座預金）	780,000	（クレジット売掛金）	780,000

（11）20日の仕訳（給料の支払い）

（給料）	300,000	（所得税預り金）	15,000
		（当座預金）	285,000

（12）21日の仕訳（約束手形の回収）

（当座預金）	470,000	（受取手形）	470,000

（13）22日の仕訳（費用の支払い）

（水道光熱費）	77,000	（当座預金）	437,000
（支払家賃）	360,000		

（14）26日の仕訳（掛代金の支払い）

（買掛金）	220,000	（当座預金）	220,000

（15）27日の仕訳（手付金の支払い）

（前払金）	40,000	（現金）	40,000

3．残高試算表の作成

期中取引を集計し残高試算表を作成します。残高試算表の数値は次のように集計します。

（1）損益計算書項目

売上	7,600,000円＋600,000円＋200,000円＝**8,400,000円**
受取利息	**3,000円**
仕入	3,300,000円＋240,000円＋390,000円＝**3,930,000円**
給料	1,600,000円＋300,000円＝**1,900,000円**
水道光熱費	430,000円＋77,000円＝**507,000円**
支払家賃	1,000,000円＋360,000円＝**1,360,000円**
支払手数料	129,000円＋24,000円＋160,000円＝**313,000円**
消耗品費	**86,000円**

（2）貸借対照表項目

現金	344,000円−20,000円−40,000円＝**284,000円**
当座預金	1,359,000円＋303,000円−480,000円−250,000円＋780,000円 −285,000円＋470,000円−437,000円−220,000円＝**1,240,000円**
受取手形	650,000円＋200,000円−470,000円＝**380,000円**
クレジット売掛金	780,000円＋576,000円−780,000円＝**576,000円**
前払金	75,000円−75,000円＋40,000円＝**40,000円**
繰越商品	**360,000円**
貸付金	300,000円−300,000円＝**0円**
備品	**600,000円**
差入保証金	200,000円＋320,000円＝**520,000円**
支払手形	376,000円＋180,000円＋390,000円−250,000円＝**696,000円**
買掛金	529,000円＋165,000円−180,000円−220,000円＝**294,000円**
所得税預り金	20,000円−20,000円＋15,000円＝**15,000円**
貸倒引当金	**40,000円**
備品減価償却累計額	**180,000円**
資本金	**1,500,000円**
繰越利益剰余金	**968,000円**

第４問	配点10点　目標点10点

・伝票会計の一部現金取引に関する問題です。
・一部現金取引は日商３級では頻出論点です。二種類の処理方法がありますので、知識を整理し本番で出題された場合は得点源にしましょう。

解答（各２点）

①	②	③	④	⑤
入　　金	**50,000**	**売　掛　金**	**仕　　入**	**270,000**

解説

１．全体像の把握

一部現金取引には、「取引を分解して起票する方法」と、「全額を掛取引と仮定して起票する方法」があります。本問のようなどちらの方法か判断できない場合、この両方の方法で仕訳を行い、どちらの方法で起票されているか推定する必要があります。

２．（１）の取引の場合

本問の仕訳を二種類の方法で考えると、次のようになります。

まず、本問では現金を受け取っているので**入金伝票**が必要だと判断できます。次に、問題の振替伝票の金額欄は500,000円ですので、「**全額を掛取引と仮定して起票する方法**」で起票していると判断できます。

（１）取引を分解して起票する方法

（売　掛　金）	**450,000**	**（売　　　上）**	**450,000**
（現　　　金）	**50,000**	**（売　　　上）**	**50,000**

入金伝票	
科　目	金　額
売　　上	50,000

振替伝票			
借方科目	金　額	貸方科目	金　額
売　掛　金	450,000	売　　上	450,000

（２）全額を掛取引と仮定して起票する方法（本問）

（売　掛　金）	**500,000**	**（売　　　上）**	**500,000**
（現　　　金）	**50,000**	**（売　掛　金）**	**50,000**

入金伝票	
科目	金額
売掛金	**50,000**

振替伝票			
借方科目	金額	貸方科目	金額
売掛金	500,000	売上	500,000

3.（2）の取引の場合

本問の仕訳を二種類の仕訳で考えると、次のようになります。

まず、本問では現金を支払っているので**出金伝票**が必要だと判断できます。次に、問題の出金伝票の科目欄は仕入勘定ですので、**「取引を分解して起票する方法」**で起票していると判断できます。

（1）取引を分解して起票する方法（本問）

（仕　　入）	**270,000**	**（買 掛 金）**	**270,000**
（仕　　入）	**30,000**	**（現　　金）**	**30,000**

出金伝票	
科目	金額
仕入	**30,000**

振替伝票			
借方科目	金額	貸方科目	金額
仕入	**270,000**	**買掛金**	**270,000**

（2）全額を掛取引と仮定して起票する方法

（仕　　入）	**300,000**	**（買 掛 金）**	**300,000**
（買 掛 金）	**30,000**	**（現　　金）**	**30,000**

出金伝票	
科目	金額
買掛金	30,000

振替伝票			
借方科目	金額	貸方科目	金額
仕入	300,000	買掛金	300,000

第 5 問	配点 30 点　目標点 24 点

・本問は貸借対照表と損益計算書の作成問題です。
・未処理事項や仕訳の誤記入がある場合、まずはその修正仕訳を行い、その後、貸倒引当金の設定や減価償却などの決算特有の処理を行いましょう。

解答（●数字につき配点）

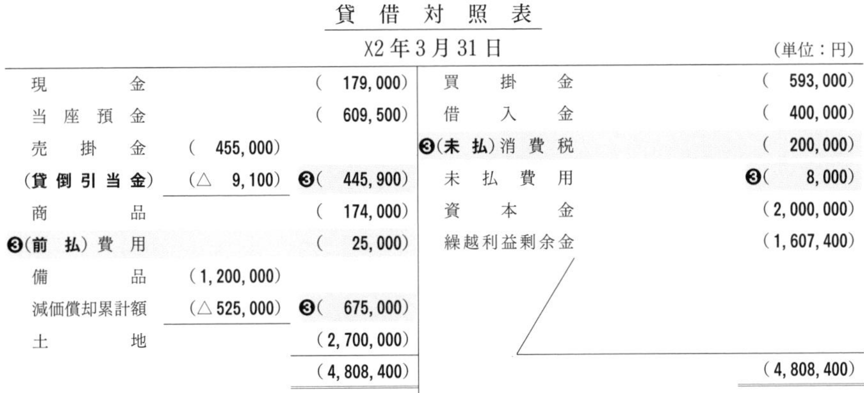

貸借対照表

X2 年 3 月 31 日　（単位：円）

現金		（179,000）	買掛金	（593,000）
当座預金		（609,500）	借入金	（400,000）
売掛金	（455,000）		❸（未払）消費税	（200,000）
（貸倒引当金）	（△ 9,100）	❸（445,900）	未払費用	❸（8,000）
商品		（174,000）	資本金	（2,000,000）
❸（前払）費用		（25,000）	繰越利益剰余金	（1,607,400）
備品	（1,200,000）			
減価償却累計額	（△525,000）	❸（675,000）		
土地		（2,700,000）		
		（4,808,400）		（4,808,400）

損益計算書

X1 年 4 月 1 日から X2 年 3 月 31 日まで　（単位：円）

売上原価	❸（3,026,000）	売上高	（5,500,000）
給料	（1,800,000）		
貸倒引当金繰入	（8,800）		
減価償却費	（150,000）		
支払家賃	（275,000）		
水道光熱費	❸（44,500）		
通信費	❸（64,100）		
保険料	（24,000）		
❸雑（損）	（1,900）		
支払利息	（20,000）		
❸当期純（利益）	（85,700）		
	（5,500,000）		（5,500,000）

解説

1．全体像の把握

貸借対照表と損益計算書の作成問題で、決算整理事項は標準的なレベルです。ただし、一部読み取りづらい内容もありますので、最初から解くのではなく解答しやすい箇所から解答しましょう。

2．決算整理事項等

（1）現金過不足に関する処理

実際有高と帳簿残高の差額のうち、原因が判明した通信費については**通信費（費用）**として処理し、判明しなかった金額については**雑損（費用）**で処理します。

借方	金額	貸方	金額
（通信費）	2,100	（現金）	4,000
（雑損）	1,900		

雑損：4,000円－2,100円＝**1,900円**

（2）売掛金に関する処理（誤処理）

期中で誤った仕訳をしているので、決算時にその誤処理を修正します。

①　誤った仕訳（帳簿に記入されている仕訳）

62,000円と記帳しなければならないところ、26,000円と記帳しています。

借方	金額	貸方	金額
（当座預金）	26,000	（売掛金）	26,000

②　本来あるべき仕訳

入金額を62,000円で記帳します。

借方	金額	貸方	金額
（当座預金）	62,000	（売掛金）	62,000

③　修正仕訳（①の仕訳を②の形に修正するための仕訳）

当座預金、および売掛金の金額を加算することにより修正します。

借方	金額	貸方	金額
（当座預金）	36,000	（売掛金）	36,000

修正額：62,000円－26,000円＝**36,000円**

（3）水道光熱費に関する処理（未処理事項）

借方	金額	貸方	金額
（水道光熱費）	3,500	（当座預金）	3,500

（4）貸倒引当金の設定に関する処理

売掛金の期末残高を基準に貸倒引当金を設定します。

借方	金額	貸方	金額
（貸倒引当金繰入）	8,800	（貸倒引当金）	8,800

貸倒引当金繰入：（491,000円－36,000円（(2)より））×2％＝9,100円

9,100円－300円＝**8,800円**

（5）売上原価に関する処理

期首の繰越商品を仕入に振り替えます。また、期末に在庫として残っている商品を仕入から繰越商品に振り替えて売上原価を計算します。

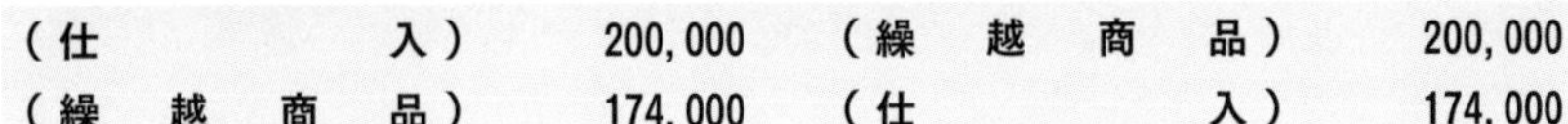

借方	金額	貸方	金額
（仕　　　入）	200,000	（繰　越　商　品）	200,000
（繰　越　商　品）	174,000	（仕　　　入）	174,000

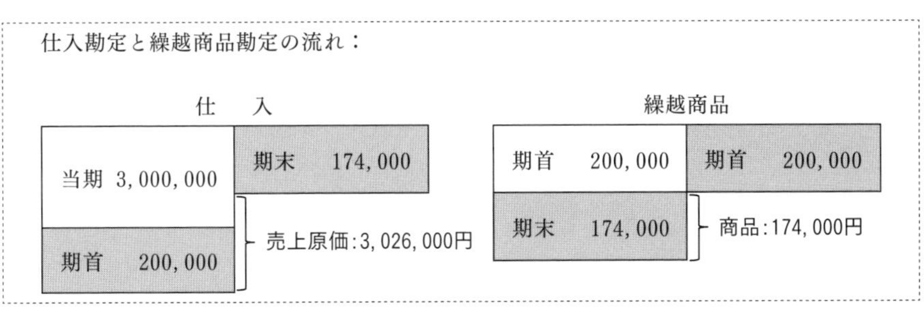

（6）減価償却に関する処理

備品の減価償却費を計上します。

借方	金額	貸方	金額
（減　価　償　却　費）	150,000	（備品減価償却累計額）	150,000

減価償却費　：1,200,000円÷8年＝**150,000円**

（7）消費税に関する処理

預かっている消費税（仮受消費税）とすでに支払った消費税（仮払消費税）の差額を、**未払消費税（負債）**として処理します。

借方	金額	貸方	金額
（仮　受　消　費　税）	440,000	（仮　払　消　費　税）	240,000
		（未　払　消　費　税）	200,000

未払消費税　：440,000円－240,000円＝**200,000円**

（8）支払利息に関する処理（未払利息）

支払利息のうち、すでに経過しているにもかかわらず支払っていない未払金額については**未払利息（負債）**で処理します。

借方	金額	貸方	金額
（支　払　利　息）	8,000	（未　払　利　息）	8,000

未払利息　：$400,000円 \times 6\% \times \frac{4か月（X1年12月～X2年3月）}{12か月（X1年6月～X2年5月）}$ ＝**8,000円**

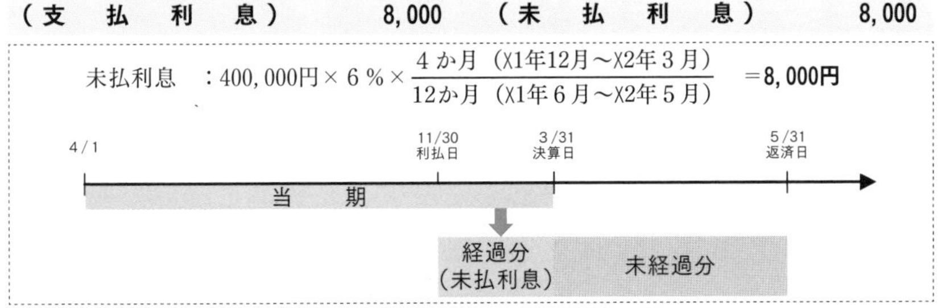

（9）支払家賃に関する処理（前払家賃）

支払家賃のうち、まだ経過していないにもかかわらず支払っている前払金額については**前払家賃（資産）**で処理します。

（前　払　家　賃）	25,000	（支　払　家　賃）	25,000

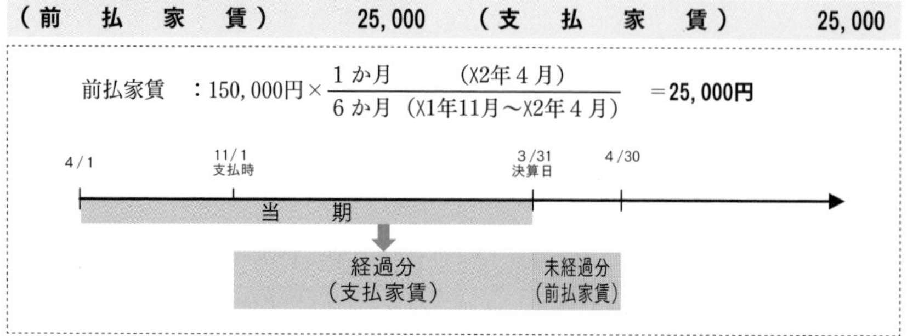

3．貸借対照表と損益計算書の作成

残高試算表の金額に決算整理事項を加味した金額で作成します。なお、貸借対照表の繰越利益剰余金と損益計算書の当期純利益の関係は次のとおりです。

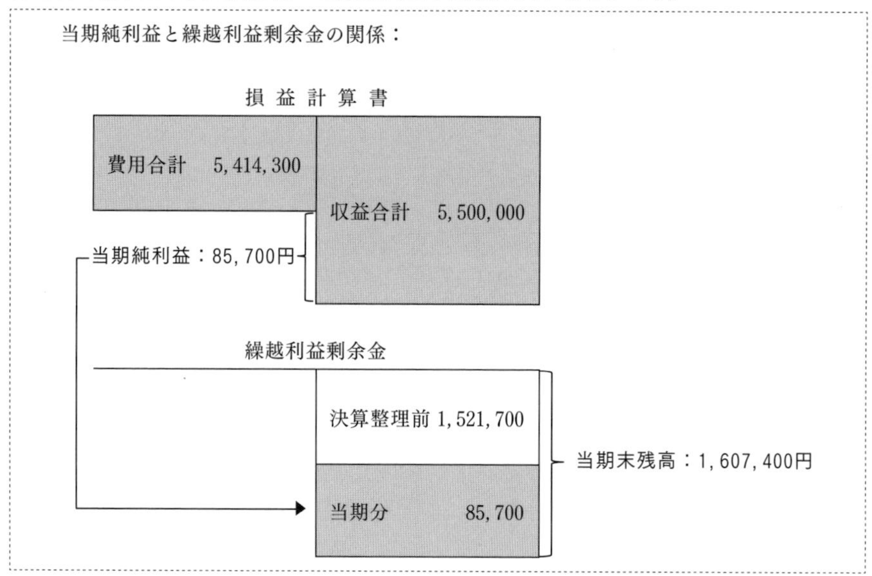

【参考】決算整理後残高試算表

本問で決算整理後残高試算表を作成した場合、次のようになります。貸借対照表、損益計算書との違いを確認しておきましょう。

残高試算表

借方	勘定科目	貸方
179,000	現金	
609,500	当座預金	
455,000	売掛金	
174,000	繰越商品	
	仮払消費税	
25,000	前払家賃	
1,200,000	備品	
2,700,000	土地	
	買掛金	593,000
	借入金	400,000
	仮受消費税	
	未払消費税	200,000
	未払利息	8,000
	貸倒引当金	9,100
	備品減価償却累計額	525,000
	資本金	2,000,000
	繰越利益剰余金	1,521,700
	売上	5,500,000
3,026,000	仕入	
1,800,000	給料	
275,000	支払家賃	
44,500	水道光熱費	
64,100	通信費	
24,000	保険料	
8,800	貸倒引当金繰入	
150,000	減価償却費	
20,000	支払利息	
1,900	雑損	
10,756,800		10,756,800

第153回 簿記検定試験 解答・解説

	第1問	第2問	第3問	第4問	第5問	合計
目標点	16点	8点	24点	8点	27点	83点
1回目	点	点	点	点	点	点
2回目	点	点	点	点	点	点

解く順番とアドバイス

第1問	緊張をほぐすため、まずは問題文全体を読み、簡単な問題から解きましょう。
第4問	落ち着いて解けば満点問題です。基本的な問題こそ大切にしましょう。
第2問	再振替仕訳が苦手な方は、問題を解くのを後回しにしましょう。
第5問	若干分量が多いため、時間配分に気をつけましょう。
第3問	取引量が多いので、自信がない箇所は飛ばして先へ進みましょう。

第1問 配点20点 目標点16点

・まずは、比較的簡単な問2、問3から解きましょう。
・問4は元利合計という意味さえ知っていれば簡単に解けます。
・問5は内容は簡単ですが、証ひょうの読み取りということで注意が必要です。

解答（仕訳1組につき各4点）

	仕		訳	
	借方科目	金額	貸方科目	金額
1	**貯蔵品**	**10,820**	**租税公課** **通信費**	**10,000** **820**
2	**社会保険料預り金** **法定福利費**	**45,000** **45,000**	**普通預金**	**90,000**
3	**前受金** **売掛金**	**600,000** **2,420,000**	**売上** **現金**	**3,000,000** **20,000**
4	**借入金** **支払利息**	**2,000,000** **18,000**	**当座預金**	**2,018,000**
5	**備品**	**2,130,000**	**未払金**	**2,130,000**

解説

1．貯蔵品の処理

1．収入印紙￥30,000、郵便切手￥3,000を購入し、いずれも費用として処理していたが、決算日に収入印紙￥10,000、郵便切手￥820が未使用であることが判明したため、これらを貯蔵品勘定に振り替えることとした。

・切手は**通信費（費用）**、収入印紙は**租税公課（費用）**で処理します。
・収入印紙や切手は換金性が高いので、期末に在庫がある場合は**貯蔵品（資産）**に振り替えます。

貯　蔵　品	：10,000円＋820円＝**10,820円**
租 税 公 課	：問題文より**10,000円**
通　信　費	：問題文より**820円**

2．社会保険料の支払い

2．従業員にかかる健康保険料￥90,000を普通預金口座から納付した。このうち従業員負担分￥45,000は、社会保険料預り金からの支出であり、残額は会社負担分である。

・健康保険料や厚生年金などの社会保険料の掛け金は、通常は労使折半で支払います。したがって、従業員負担分は**社会保険料預り金（負債）**の減少として処理し、会社負担分は**法定福利費（費用）**で処理します。

社会保険料預り金	：問題文より**45,000円**
法 定 福 利 費	：90,000円－45,000円＝**45,000円**
普　通　預　金	：問題文より**90,000円**

3．商品の売上 - 諸掛り

3．以前注文をうけていた商品￥3,000,000を引き渡し、受注したときに手付金として受け取っていた￥600,000を差し引いた金額を掛けとした。また、先方負担の発送費￥20,000を現金で支払い、これを掛代金に含めることとした。

・注文時に手付金を受け取っている場合、その商品を引き渡した時点で**売上（収益）**を計上するとともに、**前受金（負債）**を充当します。
・先方が負担する発送費は、問題文の指示に従い**売掛金（資産）**に含めて処理します。

前　受　金	：問題文より **600,000 円**
売　掛　金	：3,000,000 円－600,000 円＋20,000 円＝**2,420,000 円**
売　　　上	：問題文より **3,000,000 円**
現　　　金	：問題文より **20,000 円**

4．借入金 － 返済時

4．取引銀行から借り入れていた¥2,000,000 の支払期日が到来したため、元利合計を当座預金口座から返済した。なお、借入れにともなう利率は年 2.19%であり、借入期間は 150 日であった。利息は 1 年を 365 日として日割計算する。

・元利合計とは元金 2,000,000 円と利息の合計金額です。
・借入期間は 150 日のため、**支払利息（費用）**は日割計算します。

借　入　金	：問題文より **2,000,000 円**
支 払 利 息	：2,000,000 円×2.19%×$\frac{150\text{日}}{365\text{日}}$＝**18,000 円**
当 座 預 金	：2,000,000 円＋18,000 円＝**2,018,000 円**

5．固定資産 － 購入時の処理

5．オフィスのデスクセットを購入し、据付作業ののち、次の請求書を受け取り、代金は後日支払うこととした。

・固定資産の取得原価は、固定資産の代金に配送料や据付費などの付随費用を含めます。
・商品以外の資産の代金を後日支払う場合は、**未払金（負債）**で処理します。

備　　　品	：2,000,000 円＋30,000 円＋100,000 円＝**2,130,000 円**
未　払　金	：2,000,000 円＋30,000 円＋100,000 円＝**2,130,000 円**

第 2 問	配点 10 点　目標点 8 点

・本問は受取家賃の一連の処理に関する問題です。
・取引の処理は平易な内容ですが、物件A、物件Bの２つの物件の処理になりますので落ち着いて解答する必要があります。

解答（各2点）

①	②	③	④	⑤
受取	**400,000**	**1,560,000**	**次期繰越**	**1,090,000**

解説

1．取引の仕訳

再振替仕訳、期中取引および決算整理仕訳を行い各勘定に転記します。

（1）X7 年4月1日　再振替仕訳（物件A）

期首に物件Aに関する再振替仕訳をします。なお、金額は物件Aの１か月あたりの家賃に未経過月数を乗じて計算します。

（前　受　家　賃）　400,000　（受　取　家　賃）　400,000

前 受 家 賃　：100,000 円×4 か月（X7 年 4 月～ X7 年 7 月）＝**400,000 円**

（2）X7 年8月1日　家賃の受け取りに関する処理（物件A）

物件Aの家賃の受け取りに関する仕訳をします。

（当　座　預　金）　600,000　（受　取　家　賃）　600,000

受 取 家 賃　：100,000 円×6 か月（X7 年 8 月～ X8 年 1 月）＝**600,000 円**

（3）X7 年9月1日　家賃の受け取りに関する処理（物件B）

物件Bの家賃の受け取りに関する仕訳をします。

（当　座　預　金）　1,560,000　（受　取　家　賃）　1,560,000

受 取 家 賃　：130,000 円×12 か月（X7 年 9 月～ X8 年 8 月）＝**1,560,000 円**

（4）X8 年2月1日　家賃の受け取りに関する処理（物件A）

物件Aの家賃の受け取りに関する仕訳をします。なお、今回より家賃を値上げしているので、値上後の金額で計算します。

（当　座　預　金）　660,000　（受　取　家　賃）　660,000

受 取 家 賃　：110,000 円×6 か月（X8 年 2 月～ X8 年 7 月）＝**660,000 円**

（5）X8年3月31日　決算に関する処理

物件Aおよび物件Bの家賃の前受けに関する決算整理仕訳をします。

①　物件Aに関する処理

受取家賃のうち、まだ経過していないにもかかわらず受け取っている前受金額については、**受取家賃（収益）**を減らすとともに**前受家賃（負債）**の増加として処理します。

(受取家賃)	440,000	(前受家賃)	440,000

前受家賃　：110,000円×4か月（X8年4月～X8年7月）＝**440,000円**

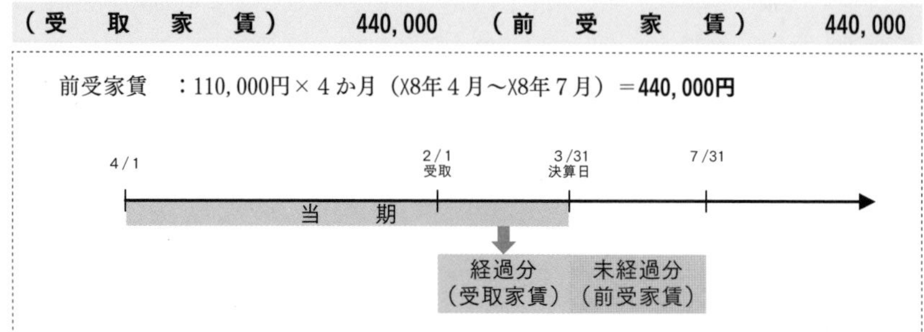

②　物件Bに関する処理

物件Aと同様、まだ経過していないにもかかわらず受け取っている前受金額については、**受取家賃（収益）**を減らすとともに**前受家賃（負債）**の増加として処理します。

(受取家賃)	650,000	(前受家賃)	650,000

前受家賃　：130,000円×5か月（X8年4月～X8年8月）＝**650,000円**

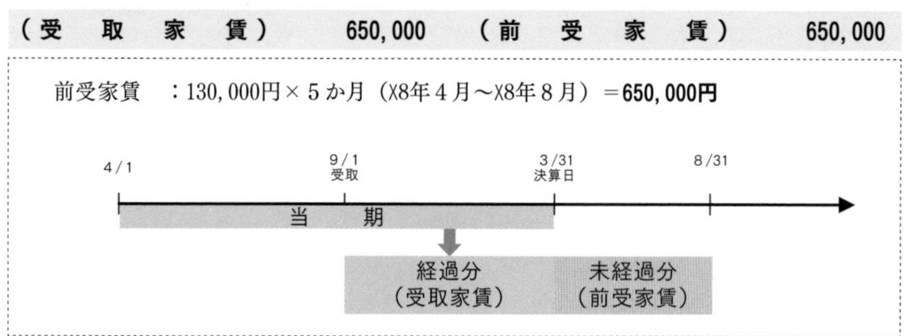

（6）決算振替仕訳

収益項目および費用項目を損益に振り替えます。本問では受取家賃が該当します。

(受取家賃)	2,130,000	(損益)	2,130,000

損　　益　：受取家賃勘定の貸借差額

2. 勘定の締め切り

受取家賃勘定および前受家賃勘定を締め切ります。なお、前受家賃勘定の貸借差額は次期繰越と記入します。

（受　取）家　賃

（3/31）	（前受家賃）	（1,090,000）	（4/1）	（前受家賃）	（400,000）
（3/31）	（損　　益）	（2,130,000）	8/1	当座預金	（600,000）
			9/1	当座預金	（1,560,000）
			2/1	当座預金	（660,000）
		（3,220,000）			（3,220,000）

（前　受）家　賃

4/1	（受取家賃）	（400,000）	4/1	前期繰越	（400,000）
（3/31）	（次期繰越）	（1,090,000）	（3/31）	（受取家賃）	（1,090,000）
		（1,490,000）			（1,490,000）

第 3 問	配点 30 点　目標点 24 点

・本問は日々の取引から残高試算表を作成する問題です。
・現金取引や掛取引など期中取引で頻繁に行われる取引については、集計ミスをしないよう注意して下書用紙にまとめましょう。

解 答（●数字につき配点）

残　高　試　算　表

借方		勘定科目	貸方	
11 月 30 日	10 月 31 日		10 月 31 日	11 月 30 日
❸ **713,000**	543,500	現　　　　　金		
❸ **2,343,000**	3,160,000	普　通　預　金		
❸ **400,000**	300,000	電子記録債権		
1,500,000	2,100,000	売　　掛　　金		
1,300,000	1,300,000	繰　越　商　品		
❸ **500,000**		**（仮　払）**法 人 税 等		
1,800,000	2,000,000	貸　　付　　金		
1,500,000	1,500,000	備　　　　　品		
600,000	600,000	差 入 保 証 金		
		買　　掛　　金	1,700,000	❸ **1,420,000**
		所得税預り金	18,000	❸ **16,000**
		備品減価償却累計額	800,000	**800,000**
		資　　本　　金	7,000,000	**7,000,000**
		❸**（利 益 準 備 金）**		**40,000**
		繰越利益剰余金	1,105,500	**665,500**
		売　　　　　上	16,200,000	❸ **18,050,000**
		受　取　利　息	70,000	❸ **75,000**
12,420,000	11,000,000	仕　　　　　入		
3,400,000	3,000,000	給　　　　　料		
70,500	40,000	通　　信　　費		
70,000	50,000	租　税　公　課		
❸ **1,200,000**	1,050,000	支　払　家　賃		
250,000	250,000	消　耗　品　費		
28,066,500	26,893,500		26,893,500	**28,066,500**

解 説

1．全体像の把握

まず問題文を読み、どの順序で解くのが効率的か考えましょう。問題自体は平易ですが、取引量が多く集計ミスが生じる可能性もあるため、集計項目が少ない商品売買以外の取引から解答し着実に得点を重ねていきましょう。

2．期中取引の処理

（1）2日の仕訳（商品の仕入れ）

（仕入）	800,000	（買掛金）	800,000

（2）3日の仕訳（郵送代金の支払い）

（通信費）	500	（現金）	500

（3）4日の仕訳（収入印紙、郵便切手の購入）

収入印紙代は**租税公課（費用）**、郵便切手代は**通信費（費用）**で処理します。

（租税公課）	20,000	（現金）	30,000
（通信費）	10,000		

現　　　金　：20,000円＋10,000円＝**30,000円**

（4）5日の仕訳（商品の売上げ）

（売掛金）	400,000	（売上）	400,000

（5）6日の仕訳（修正仕訳）

問題文の指示にしたがい、売上げおよび掛代金を減らす処理をします。

（売上）	50,000	（売掛金）	50,000

（6）7日の仕訳（剰余金の配当・処分）

剰余金の配当を行った場合、**繰越利益剰余金（資本）**の減少として処理します。また、配当した金額については問題文の指示にしたがい**普通預金（資産）**の減少として処理します。さらに、会社法の規定により、一定の金額を**利益準備金（資本）**に積み立てる処理を行います。

（繰越利益剰余金）	440,000	（普通預金）	400,000
		（利益準備金）	40,000

繰越利益剰余金　：400,000円＋40,000円＝**440,000円**

（7）8日の仕訳（電子記録債権の発生）

電子記録債権の発生記録を行った場合、**電子記録債権（資産）**の増加として処理します。

（電子記録債権）	400,000	（売掛金）	400,000

（8）10日の仕訳（源泉徴収額の納付）

源泉徴収額を納付した場合、**所得税預り金（負債）**の減少として処理します。

（所得税預り金）	18,000	（普通預金）	18,000

（9）12日の仕訳（商品の売上げ）

（売　掛　金）	1,500,000	（売　　上）	1,500,000

(10) 15日の仕訳（電子記録債権の消滅）

電子記録債権が決済された場合、**電子記録債権（資産）**の減少として処理します。

（普通預金）	300,000	（電子記録債権）	300,000

(11) 16日の仕訳（貸付金の回収）

貸付金に関する利息は**受取利息（収益）**で処理します。

（普通預金）	205,000	（貸　付　金）	200,000
		（受取利息）	5,000

普通預金　：200,000円＋5,000円＝**205,000円**

(12) 20日の仕訳（給料の支払い）

所得税の源泉徴収分は**所得税預り金（負債）**の増加として処理します。

（給　　料）	400,000	（所得税預り金）	16,000
		（普通預金）	384,000

普通預金　：400,000円－16,000円＝**384,000円**

(13) 22日の仕訳（商品の仕入れ）

（仕　　入）	620,000	（買　掛　金）	620,000

(14) 25日の仕訳

①掛代金の回収

（普通預金）	2,050,000	（売　掛　金）	2,050,000

②掛代金の支払い

（買　掛　金）	1,700,000	（普通預金）	1,700,000

(15) 26日の仕訳（現金の引き出し）

（現　　金）	200,000	（普通預金）	200,000

(16) 28日の仕訳（費用の支払い）

（支払家賃）	150,000	（普通預金）	170,000
（通　信　費）	20,000		

普通預金　：150,000円＋20,000円＝**170,000円**

(17) 30日の仕訳（法人税の中間納付）

中間申告として納付した法人税は、**仮払法人税等（資産）**として処理します。

（仮払法人税等）	500,000	（普通預金）	500,000

3．残高試算表の作成

期中取引を集計し残高試算表を作成します。残高試算表の金額は次のとおりです。

（1）損益計算書項目

売上	16,200,000円＋400,000円－50,000円＋1,500,000円 ＝**18,050,000円**
受取利息	70,000円＋5,000円＝**75,000円**
仕入	11,000,000円＋800,000円＋620,000円＝**12,420,000円**
給料	3,000,000円＋400,000円＝**3,400,000円**
通信費	40,000円＋500円＋10,000円＋20,000円＝**70,500円**
租税公課	50,000円＋20,000円＝**70,000円**
支払家賃	1,050,000円＋150,000円＝**1,200,000円**
消耗品費	**250,000円**

（2）貸借対照表項目

現金	543,500円－500円－30,000円＋200,000円＝**713,000円**
普通預金	3,160,000円－400,000円－18,000円＋300,000円＋205,000円 －384,000円＋2,050,000円－1,700,000円－200,000円 －170,000円－500,000円＝**2,343,000円**
電子記録債権	300,000円＋400,000円－300,000円＝**400,000円**
売掛金	2,100,000円＋400,000円－50,000円－400,000円＋1,500,000円 －2,050,000円＝**1,500,000円**
繰越商品	**1,300,000円**
仮払法人税等	**500,000円**
貸付金	2,000,000円－200,000円＝**1,800,000円**
備品	**1,500,000円**
差入保証金	**600,000円**
買掛金	1,700,000円＋800,000円＋620,000円－1,700,000円 ＝**1,420,000円**
所得税預り金	18,000円－18,000円＋16,000円＝**16,000円**
備品減価償却累計額	**800,000円**
資本金	**7,000,000円**
利益準備金	**40,000円**
繰越利益剰余金	1,105,500円－440,000円＝**665,500円**

第 4 問	配点 10 点　目標点 8 点

・本問は、移動平均法を用いた場合の処理が問われています。
・取引に返品がありますので、記帳方法に注意して商品有高帳を作成しましょう。
・純売上高が問われていますので、返品を考慮して計算しましょう。

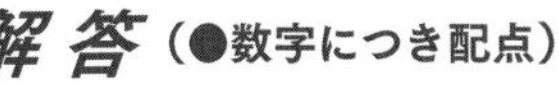

解答（❶数字につき配点）

問1

商　品　有　高　帳

A　商　品

X8年		摘　要	受入 数量	受入 単価	受入 金額	払出 数量	払出 単価	払出 金額	残高 数量	残高 単価	残高 金額
1	1	前月繰越	60	1,000	60,000				60	1,000	60,000
	10	仕　入	240	990	237,600				❷ 300	992	297,600
	13	売　上				250	992	248,000	❷ 50	992	49,600
	20	仕　入	350	960	336,000				400	964	385,600
	27	売　上				310	964	298,840	90	964	86,760
	29	売上返品	10	964	9,640				❷ 100	964	96,400

問2

純売上高	売上原価	売上総利益
¥ ❷ 975,000	¥ ❷ 537,200	¥ 437,800

解説

1．商品有高帳の作成（問1）

まず、答案用紙の商品有高帳を作成します。商品の評価方法は移動平均法ですので、受入の都度、平均単価を計算します。

（1）1月10日　仕入時の処理

仕入時の仕訳をするとともに、前月繰越を加味した残高を計算します。

（仕　入）	237,600	（現金など）	237,600

受　入	240 個×@ 990 円＝**237,600 円**
残　高	数量：60 個（月初）＋240 個（10 日）＝**300 個** 金額：60,000 円（月初）＋237,600 円（10 日）＝**297,600 円** 単価：$\frac{60,000\text{円（月初）}+237,600\text{円（10日）}}{60\text{個（月初）}+240\text{個（10日）}}$＝**992 円**

（2）1月13日　売上時の処理

10日に計算した平均単価で計算します。なお、商品の払出単価は原価で計算し、仕訳上の金額は売価で計算します。

（現　金　な　ど）　450,000　（売　　　　上）　450,000

売上高	250個×@1,800円＝**450,000円**
払出	250個×@992円＝**248,000円**
残高	300個－250個＝**50個** 50個×@992円＝**49,600円**

（3）1月20日　仕入時の処理

仕入時の仕訳をするとともに、残高を計算します。

（仕　　　　入）　336,000　（現　金　な　ど）　336,000

受入	350個×@960円＝**336,000円**
残高	数量：50個（13日）＋350個（20日）＝**400個** 金額：49,600円（13日）＋336,000円（20日）＝**385,600円** 単価：$\dfrac{\text{49,600円(13日)＋336,000円(20日)}}{\text{50個（13日）＋350個（20日）}}$＝**964円**

（4）1月27日　売上時の処理

20日に計算した平均単価で計算します。なお、商品の払出単価は原価で計算し、仕訳上の金額は売価で計算します。

（現　金　な　ど）　542,500　（売　　　　上）　542,500

売上高	310個×@1,750円＝**542,500円**
払出	310個×@964円＝**298,840円**
残高	400個－310個＝**90個** 90個×@964円＝**86,760円**

（5）1月29日　返品時の処理

27日に販売した商品の返品処理を行います。なお、問題文の指示により返品に関しては受入欄に記入します。

（売　上）	17,500	（現金など）	17,500

売上戻り	10個×@1,750円＝**17,500円（マイナス）**
受入	10個×@964円＝**9,640円**
残高	90個＋10個＝**100個** 100個×@964円＝**96,400円**

2．純売上高、売上原価、売上総利益の計算（問2）

問1で作成した商品有高帳を参考に計算します。なお、払出欄の金額は売上げの返品を考慮しておりませんので、返品額を考慮して計算します。

売上高	450,000円(13日)＋542,500円(27日)－17,500円(29日)＝**975,000円**
売上原価	248,000円(13日)＋298,840円(27日)－9,640円(29日)＝**537,200円**
売上総利益	975,000円－537,200円＝**437,800円**

第 5 問	配点 30 点　目標点 27 点

・本問は精算表の作成問題です。
・期末商品の計算について「仕入勘定」で計算する方法が問われていますが、本試験では「売上原価勘定」で計算する方法も出題されますので、両方の方法を対比しつつ理解してください。

解答（●数字につき配点）

問1

精　算　表

勘定科目	残高試算表		修正記入		損益計算書		貸借対照表	
	借方	貸方	借方	貸方	借方	貸方	借方	貸方
現金	135,000						135,000	
現金過不足	3,200			3,200				
普通預金	1,630,000		150,000				❸1,780,000	
当座預金		468,000	468,000					
売掛金	880,000			150,000			730,000	
仮払金	420,000			420,000				
繰越商品	697,000		568,000	697,000			❸ 568,000	
建物	3,600,000						3,600,000	
備品	500,000		420,000				920,000	
土地	4,400,000						4,400,000	
買掛金		745,000						745,000
借入金		3,200,000						3,200,000
貸倒引当金		8,600		6,000				14,600
建物減価償却累計額		1,180,000		120,000				1,300,000
備品減価償却累計額		300,000		107,000				407,000
資本金		4,000,000						4,000,000
繰越利益剰余金		1,174,400						1,174,400
売上		8,670,000				8,670,000		
仕入	5,300,000		697,000	568,000	5,429,000			
給料	1,800,000				1,800,000			
通信費	26,800				26,800			
旅費交通費	94,000		2,800		96,800			
保険料	210,000			30,000	❸ 180,000			
支払利息	50,000		12,000		62,000			
	19,746,000	19,746,000						
❸ 雑（損）			400		400			
当座借越				468,000				❸ 468,000
貸倒引当金繰入			6,000		❸ 6,000			
城価償却費			227,000		❸ 227,000			
❸（未払）利息				12,000				12,000
前払保険料			30,000				30,000	
❸ 当期純（利益）					842,000			842,000
			2,581,200	2,581,200	8,670,000	8,670,000	12,163,000	12,163,000

問2

¥（　❸ 2,300,000　）

解説

1．全体像の把握

精算表の作成の配点箇所は、損益計算書欄および貸借対照表欄と想定されています。したがって、決算整理事項の仕訳を行った際は「修正記入欄」を記入後、そのまま損益計算書または貸借対照表まで記入し確実に得点を重ねていきましょう。

2．決算整理事項等

（1）売掛金に関する処理（未処理事項）

売掛金の回収に関して未処理であるため、**普通預金（資産）**の増加として処理します。

（普通預金）	150,000	（売掛金）	150,000

（2）仮払金に関する処理（未処理事項）

備品の購入に関して仮払金で処理し、その後は未処理のままなので**備品（資産）**の増加として処理します。

（備品）	420,000	（仮払金）	420,000

（3）現金過不足に関する処理

現金の不足額のうち原因が判明した旅費交通費については**旅費交通費（費用）**で処理し、原因不明の金額については**雑損（費用）**で処理します。

（旅費交通費）	2,800	（現金過不足）	3,200
（雑損）	400		

雑　　　損　：3,200円－2,800円＝**400円**

（4）当座借越に関する処理

期末時点で当座預金残高がマイナスの場合、当座借越、または借入金に振り替えます。本問は問題文の指示により**当座借越（負債）**で処理します。

（当座預金）	468,000	（当座借越）	468,000

（5）貸倒引当金の設定に関する処理

売掛金の期末残高を基準に貸倒引当金を設定します。

（貸倒引当金繰入）	6,000	（貸倒引当金）	6,000

貸倒引当金繰入　：(880,000円－150,000円（(1)より）) × 2％＝14,600円
14,600円－8,600円＝**6,000円**

（6）売上原価に関する処理

期首の繰越商品を仕入に振り替えます。また、期末に在庫として残っている商品

を仕入から繰越商品に振り替えて売上原価を計算します。

(仕　　　　入)	**697,000**	**(繰　越　商　品)**	**697,000**
(繰　越　商　品)	**568,000**	**(仕　　　　入)**	**568,000**

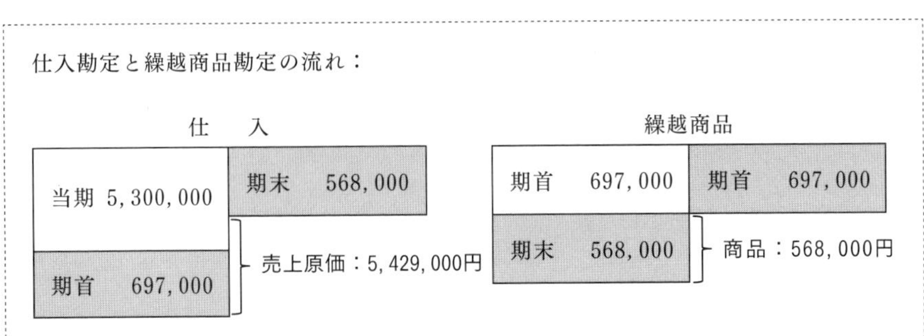

(7) 減価償却に関する処理

建物および備品の減価償却費を計上します。

①建物に関する処理

(減 価 償 却 費)	**120,000**	**(建物減価償却累計額)**	**120,000**

減価償却費　：3,600,000円÷30年＝**120,000円**

②備品に関する処理

(減 価 償 却 費)	**107,000**	**(備品減価償却累計額)**	**107,000**

減価償却費　：(既存分) 500,000円÷5年＝100,000円

(新規分) 420,000円÷5年×$\frac{1\text{か月}}{12\text{か月}}$＝7,000円

100,000円＋7,000円＝**107,000円**

(8) 支払利息に関する処理(未払利息)

支払利息のうち、すでに経過しているにもかかわらず支払っていない未払金額については**未払利息(負債)**で処理します。

(支　払　利　息)	**12,000**	**(未　払　利　息)**	**12,000**

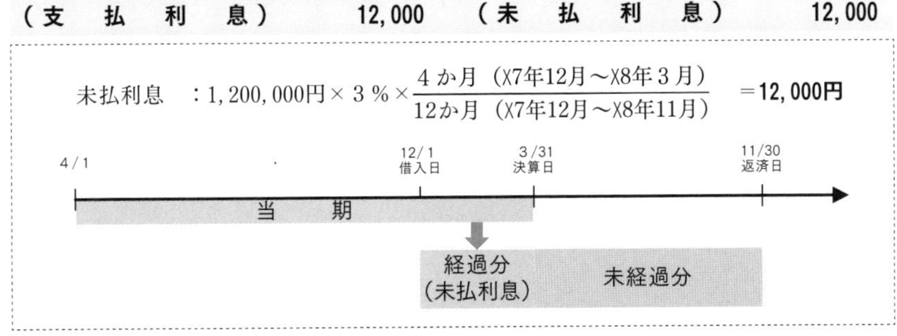

（9）保険料に関する処理（前払保険料）

保険料のうち、まだ経過していないにもかかわらず支払っている前払金額については**前払保険料（資産）**で処理します。

（前払保険料）	**30,000**	**（保険料）**	**30,000**

3．決算整理後の建物の帳簿価額（問2）

問1で作成した精算表の貸借対照表欄の金額で計算します。

建物の帳簿価額	3,600,000円（建物）－1,300,000円（減価償却累計額）＝**2,300,000円**

第154回 簿記検定試験 解答・解説

	第1問	第2問	第3問	第4問	第5問	合計
目標点	16点	6点	24点	10点	24点	80点
1回目	点	点	点	点	点	点
2回目	点	点	点	点	点	点

解く順番とアドバイス

第1問	緊張をほぐすため、ますは問題文全体を読み、簡単な問題から解きましょう。
第4問	知識問題なので、わからない問題は後回しにしましょう。
第2問	資料の拾い漏れに注意して解きましょう。
第5問	満点が狙える問題です。慎重に解きましょう。
第3問	当座預金口座の集計に注意しましょう。

第1問 配点20点 目標点16点

・まずは、比較的簡単な問1、問5から解きましょう。
・勘定科目名がわからない場合、勘定科目一覧もヒントになりますので確認しましょう。

解答（仕訳1組につき各4点）

	仕訳			
	借方科目	金額	貸方科目	金額
1	買掛金	270,000	支払手形	270,000
2	現金 受取商品券	7,600 10,000	売上 仮受消費税	16,000 1,600
3	旅費交通費 消耗品費	2,600 700	仮払金	3,300
4	備品減価償却累計額 現金 固定資産売却損	561,000 3,000 96,000	備品	660,000
5	普通預金	300	受取利息	300

1．約束手形の振り出し

1．秋田株式会社に対する買掛金¥270,000の決済として、同社あての約束手形を振り出した。

・買掛金が決済されたため、**買掛金（負債）**の減少として処理します。
・約束手形を振り出した場合は、**支払手形（負債）**の増加として処理します。

買　掛　金	：問題文より**270,000円**
支払手形	：問題文より**270,000円**

2．消費税に関する処理

2．商品¥16,000を売り上げ、消費税¥1,600を含めた合計額のうち¥7,600は現金で受け取り、残額は共通商品券を受け取った。なお、消費税は税抜方式で記帳する。

・受け取った共通商品券は**受取商品券（資産）**として処理します。
・税抜方式では、受け取った消費税は**仮受消費税（負債）**として処理します。

現　　金	：問題文より**7,600円**
受取商品券	：16,000円＋1,600円－7,600円＝**10,000円**
売　　上	：問題文より**16,000円**
仮受消費税	：問題文より**1,600円**

3．仮払金に関する処理

3．従業員が事業用のICカードから旅費交通費¥2,600および消耗品費¥700を支払った。なお、ICカードのチャージ（入金）については、チャージ時に仮払金勘定で処理している。

・ICカードへのチャージ時に仮払金勘定で処理しているため、ICカードからの支払いは**仮払金（資産）**の減少として処理します。

旅費交通費	：問題文より**2,600円**
消耗品費	：問題文より**700円**
仮　払　金	：2,600円＋700円＝**3,300円**

4．固定資産の売却

4．不要になった備品（取得原価￥660,000、減価償却累計額￥561,000、間接法で記帳）を￥3,000で売却し、売却代金は現金で受け取った。

・間接法で記帳している備品を売却したため、**備品（資産）**および**備品減価償却累計額**の減少として処理するとともに、**固定資産売却損（費用）**を計上します。

備品減価償却累計額	：問題文より **561,000 円**
現　　　　　　金	：問題文より **3,000 円**
固定資産売却損	：660,000 円－561,000 円－3,000 円＝**96,000 円**
備　　　　　　品	：問題文より **660,000 円**

5．受取利息

5．普通預金口座に利息￥300が入金された。

・受け取った利息は**受取利息（収益）**として処理します。

普通預金	：問題文より **300 円**
受取利息	：問題文より **300 円**

第２問	配点８点　目標点６点

・補助簿から現金出納帳、売上帳、買掛金元帳の読み取り問題です。
・日付ごとに仕訳が問われているので、各帳簿の日付に注意して解きましょう。

解答（仕訳１組につき各２点）

X8年		仕訳			
		借方科目	金額	貸方科目	金額
2	5	**仕入**	**203,000**	**買掛金**	**200,000**
				現金	**3,000**
	14	**現金**	**400,000**	**売上**	**400,000**
	25	**買掛金**	**52,000**	**現金**	**2,000**
				仕入	**50,000**
	28	**現金**	**1,000**	**現金過不足**	**1,000**

解説

１．全体像の把握

現金出納帳、売上帳、買掛金元帳の日付を確認して仕訳を行います。

２．５日の取引（商品の仕入れ）

現金出納帳および買掛金元帳からの資料を読み取り仕訳をします。なお、当社負担の引取運賃が発生しているので、仕入原価に含めて処理します。

（仕入）	**203,000**	**（買掛金）**	**200,000**
		（現金）	**3,000**

仕　　入　：200,000円＋3,000円＝**203,000円**

３．14日の取引（商品の売上げ）

現金出納帳の金額は空欄ですが、売上帳の資料より金額が判明します。

（現金）	**400,000**	**（売上）**	**400,000**

売　　上　：@10,000円×40個＝**400,000円**

4．25日の取引（仕入商品の返品）

買掛金元帳から商品の返品が判明します。また、現金出納帳から多摩商店負担の返品運賃を支払っていることが判明します。

（買　掛　金）	52,000	（現　　金）	2,000
		（仕　　入）	50,000

仕　　入　：52,000円－2,000円＝**50,000円**

5．28日の取引（現金過不足の処理）

28日時点の現金の帳簿残高と実際有高との差額を現金過不足として処理します。

（現　　金）	1,000	（現金過不足）	1,000

現金過不足　：280,000円－3,000円＋400,000円－350,000円－2,000円
＝325,000円（帳簿残高）
326,000円（実際有高）－325,000円（帳簿残高）＝**1,000円**

第 3 問	配点 30 点　目標点 24 点

・本問は日々の取引からの残高試算表を作成する問題です。
・当座預金勘定が銀行ごとに設定されている場合、集計の仕方を工夫して解答しましょう。

解答（●数字につき配点）

残高試算表

借方 2月28日	借方 1月31日	勘定科目	貸方 1月31日	貸方 2月28日
106,000	126,000	現金		
❸ **568,000**	250,000	当座預金近畿銀行		
265,000	390,000	当座預金関東銀行		
❸ **25,000**	100,000	受取手形		
❸ **270,000**	480,000	売掛金		
❸ **960,000**	270,000	電子記録債権		
410,000	410,000	繰越商品		
2,900,000	2,900,000	建物		
3,000,000	3,000,000	土地		
		支払手形	190,000	❸ **20,000**
		買掛金	330,000	❸ **450,000**
		電子記録債務	160,000	❸ **740,000**
		所得税預り金	7,000	**6,000**
		建物減価償却累計額	580,000	**580,000**
		資本金	5,000,000	**5,000,000**
		繰越利益剰余金	906,000	**906,000**
		売上	12,000,000	❸ **13,190,000**
❸ **10,570,000**	9,600,000	仕入		
1,540,000	1,400,000	給料		
50,000	50,000	支払手数料		
96,000	87,000	通信費		
122,000	110,000	水道光熱費		
❸ **10,000**		**（貸倒損失）**		
20,892,000	19,173,000		19,173,000	**20,892,000**

解説

1．全体像の把握

本問では複数の当座預金勘定が設定されています。したがって、集計するときは、各当座預金勘定ごとに集計しましょう。

2．期中取引の処理

（1）1日の仕訳（商品の仕入れ）

引取運賃は当社負担のため**仕入（費用）**に含めて処理します。

（仕　　　　入）	520,000	（買　掛　金）	500,000
		（現　　　金）	20,000

仕　　入：500,000円＋20,000円＝**520,000円**

（2）2日の仕訳（商品の売上げ）

商品を掛けで売り上げたため、**売掛金（資産）**の増加として処理します。

（売　掛　金）	800,000	（売　　　上）	800,000

（3）4日の仕訳（掛代金の回収）

売掛金が近畿銀行の当座預金口座に振り込まれたため、**当座預金近畿銀行（資産）**の増加として処理します。

（当座預金近畿銀行）	500,000	（売　掛　金）	500,000

（4）5日の仕訳（掛代金の支払い）

買掛金を近畿銀行の当座預金口座から支払ったため、**当座預金近畿銀行（資産）**の減少として処理します。

（買　掛　金）	130,000	（当座預金近畿銀行）	130,000

（5）8日の仕訳（商品の売上げ）

（売　掛　金）	390,000	（売　　　上）	390,000

（6）9日の仕訳（商品の仕入れ）

（仕　　　入）	450,000	（買　掛　金）	450,000

（7）10日の仕訳（所得税の源泉徴収額の支払い）

所得税の源泉徴収額の支払いは**所得税預り金（負債）**の減少として処理します。

（所得税預り金）	7,000	（当座預金近畿銀行）	7,000

（8）11日の仕訳（電子記録債権の回収）

電子記録債権が決済され，関東銀行の当座預金口座に振り込まれたため、**当座預金**

関東銀行（資産）の増加として処理するとともに、**電子記録債権（資産）**の減少として処理します。

（当座預金関東銀行）	200,000	（電子記録債権）	200,000

(9) 12日の仕訳（電子記録債務の支払い）

電子記録債務が決済され，関東銀行の当座預金口座から支払われたため、**当座預金関東銀行（資産）**の減少として処理するとともに、**電子記録債務（負債）**の減少として処理します。

（電子記録債務）	120,000	（当座預金関東銀行）	120,000

(10) 17日の仕訳（電子記録債権の発生）

電子記録債権の発生記録が行われたため、**売掛金（資産）**の減少として処理するとともに、**電子記録債権（資産）**の増加として処理します。

（電子記録債権）	900,000	（売掛金）	900,000

(11) 18日の仕訳（貸倒れ）

前期の電子記録債権が貸し倒れた場合、貸倒引当金を設定している場合は貸倒引当金を取り崩して充当します。ただし，貸倒引当金を設定していない場合は**貸倒損失（費用）**として処理します。

（貸倒損失）	10,000	（電子記録債権）	10,000

(12) 19日の仕訳（電子記録債務の発生）

電子記録債務の発生記録を行ったため、**買掛金（負債）**の減少として処理するとともに、**電子記録債務（負債）**の増加として処理します。

（買掛金）	700,000	（電子記録債務）	700,000

(13) 22日の仕訳（受取手形の決済）

受取手形が決済されたため、**受取手形（資産）**の減少として処理します。

（当座預金近畿銀行）	75,000	（受取手形）	75,000

(14) 23日の仕訳（他銀行口座への送金）

関東銀行の当座預金口座から近畿銀行の当座預金口座に送金したため、**当座預金近畿銀行（資産）**の増加として処理するとともに、**当座預金関東銀行（資産）**の減少として処理します。

（当座預金近畿銀行）	50,000	（当座預金関東銀行）	50,000

(15) 24日の仕訳（支払手形の決済）

支払手形が決済されたため、**支払手形（負債）**の減少として処理します。

（支払手形）	170,000	（当座預金近畿銀行）	170,000

(16) 25日の仕訳（給料の支払い）

所得税の源泉徴収分は**所得税預り金（負債）**の増加として処理します。

（給　　　料）	**140,000**	**（所得税預り金）**	**6,000**
		（当座預金関東銀行）	**134,000**

当座預金関東銀行　：140,000円−6,000円＝**134,000円**

(17) 28日の仕訳（水道光熱費・通信費の支払い）

水道光熱費は**水道光熱費（費用）**として、通信費は**通信費（費用）**として処理します。

（水道光熱費）	**12,000**	**（当座預金関東銀行）**	**21,000**
（通　信　費）	**9,000**		

3．残高試算表の作成

期中取引を集計し、残高試算表を作成します。残高試算表の金額は次のように集計します。

（1）損益計算書項目

売上	12,000,000円＋800,000円＋390,000円＝**13,190,000円**
仕入	9,600,000円＋520,000円＋450,000円＝**10,570,000円**
給料	1,400,000円＋140,000円＝**1,540,000円**
支払手数料	**50,000円**
通信費	87,000円＋9,000円＝**96,000円**
水道光熱費	110,000円＋12,000円＝**122,000円**
貸倒損失	**10,000円**

（2）貸借対照表項目

現金	126,000円−20,000円＝**106,000円**
当座預金近畿銀行	250,000円＋500,000円−130,000円−7,000円＋75,000円＋50,000円−170,000円＝**568,000円**
当座預金関東銀行	390,000円＋200,000円−120,000円−50,000円−134,000円−21,000円＝**265,000円**
受取手形	100,000円−75,000円＝**25,000円**
売掛金	480,000円＋800,000円−500,000円＋390,000円−900,000円＝**270,000円**
電子記録債権	270,000円−200,000円＋900,000円−10,000円＝**960,000円**
繰越商品	**410,000円**
建物	**2,900,000円**

土　　　地	**3,000,000円**
支払手形	190,000円－170,000円＝**20,000円**
買　掛　金	330,000円＋500,000円－130,000円＋450,000円－700,000円 ＝**450,000円**
電子記録債務	160,000円－120,000円＋700,000円＝**740,000円**
所得税預り金	7,000円－7,000円＋6,000円＝**6,000円**
建物減価償却累計額	**580,000円**
資　本　金	**5,000,000円**
繰越利益剰余金	**906,000円**

第 4 問	配点 12 点　目標点 10 点

- 本問は、問題文の空欄を埋める語群選択問題です。
- 語群選択問題は知識問題なので、その場で考えて解答を導ける問題ではありません。わからない問題があった場合、時間をかけて考えず、次の問題へ進みましょう。

解答（各2点）

ア	イ	ウ	エ	オ	カ
⑮	⑪	②	⑩	⑦	④

解説

1．問題文の空欄

問題文の空欄を埋めると次のような文章になります。このような空欄補充の問題に対する知識は、計算問題を解くときに単純作業として解くのではなく、その計算の背景を考えながら解くことで解けるようになります。

1．前期以前に貸倒れとして処理した売掛金について、当期にその一部を回収したときは、その回収金額を収益勘定である（**償却債権取立益**）勘定で処理する。
2．株式会社が繰越利益剰余金を財源として配当を行ったときは、会社法で定められた上限額に達するまでは一定額を（**利益準備金**）として積み立てなければならない。
3．主要簿は、仕訳帳と（**総勘定元帳**）のことである。
4．すでに取得済みの有形固定資産の修理、改良などのために支出した金額のうち、その有形固定資産の使用可能期間を延長または価値を増加させる部分を（**資本的**）支出という。
5．当期中に生じた収益合計から費用合計を差し引いて当期純利益(または当期純損失)を求める計算方法を（**損益法**）という。
6．仕訳の内容を勘定口座に記入する手続きを（**転記**）という。

第 5 問	配点 30 点　目標点 24 点

・本問は貸借対照表と損益計算書の作成問題です。
・日商3級の決算整理事項等はある程度パターン化されていますので、自分の得意とする分野から効率的に解きましょう。

解答（●数字につき配点）

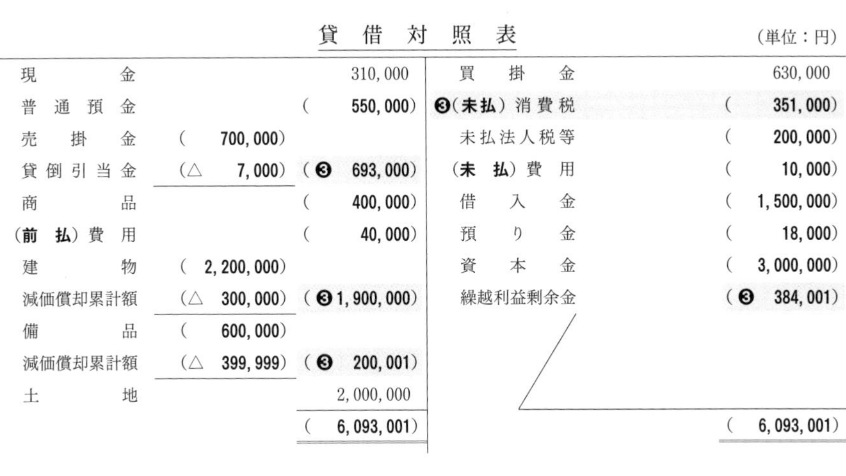

貸借対照表　（単位：円）

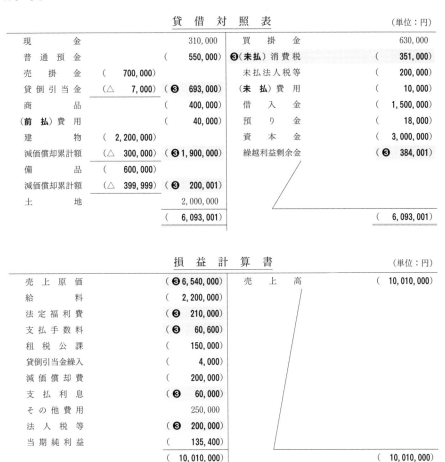

現金		310,000	買掛金	630,000
普通預金		（550,000）	❸（未払）消費税	（351,000）
売掛金	（700,000）		未払法人税等	（200,000）
貸倒引当金	（△ 7,000）	（❸ 693,000）	（未払）費用	（10,000）
商品		（400,000）	借入金	（1,500,000）
（前払）費用		（40,000）	預り金	（18,000）
建物	（2,200,000）		資本金	（3,000,000）
減価償却累計額	（△ 300,000）	（❸ 1,900,000）	繰越利益剰余金	（❸ 384,001）
備品	（600,000）			
減価償却累計額	（△ 399,999）	（❸ 200,001）		
土地		2,000,000		
		（6,093,001）		（6,093,001）

損益計算書　（単位：円）

売上原価	（❸ 6,540,000）	売上高	（10,010,000）
給料	（2,200,000）		
法定福利費	（❸ 210,000）		
支払手数料	（❸ 60,600）		
租税公課	（150,000）		
貸倒引当金繰入	（4,000）		
減価償却費	（200,000）		
支払利息	（❸ 60,000）		
その他費用	250,000		
法人税等	（❸ 200,000）		
当期純利益	（135,400）		
	（10,010,000）		（10,010,000）

解説

1．全体像の把握

貸借対照表と損益計算書の作成で、決算整理事項等は標準的なレベルです。売上原価に関する処理、法人税等といった解答しやすい論点から先に解きましょう。

2．決算整理事項等

（1）仮受金に関する処理

振込額と売掛金の差額は**支払手数料**（**費用**）で処理します。

（仮受金）	69,400	（売掛金）	70,000
（支払手数料）	600		

支払手数料　：70,000円－69,400円＝**600円**

（2）貸倒引当金の設定に関する処理

売掛金の期末残高を基準に貸倒引当金を設定します。

（貸倒引当金繰入）	4,000	（貸倒引当金）	4,000

貸倒引当金繰入　：（770,000円－70,000円（1））×1%＝7,000円

7,000円－3,000円＝**4,000円**

（3）売上原価に関する処理

期首の繰越商品を仕入に振り替えます。また、期末に在庫として残っている商品を仕入から繰越商品に振り替えて売上原価を計算します。

（仕入）	440,000	（繰越商品）	440,000
（繰越商品）	400,000	（仕入）	400,000

仕入勘定と繰越商品勘定の流れ：

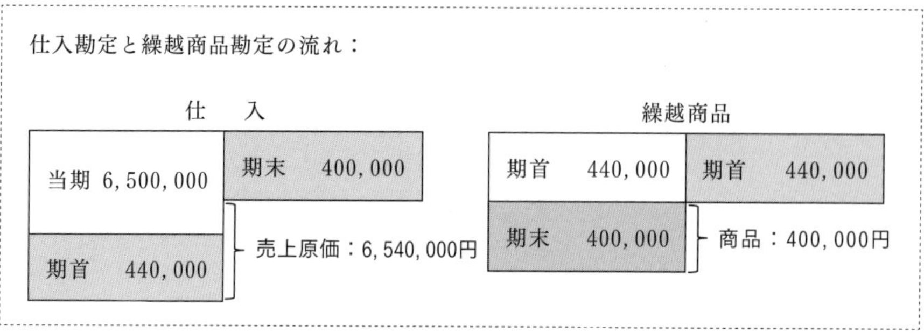

（4）減価償却に関する処理

建物および備品の減価償却費を計上します。

①　建物に関する処理

（減価償却費）	100,000	（建物減価償却累計額）	100,000

減価償却費　：2,200,000円÷22年＝**100,000円**

②　備品に関する処理

備品のうち200,000円は耐用年数をむかえて減価償却を終了しているので、残りの400,000円につき減価償却を行います。

（減価償却費）	100,000	（備品減価償却累計額）	100,000

減価償却費　：（600,000円－200,000円）÷4年＝**100,000円**

（5）消費税に関する処理

預かっている消費税（仮受消費税）とすでに支払った消費税（仮払消費税）の差額を、**未払消費税（負債）**として処理します。

（仮受消費税）	1,001,000	（仮払消費税）	650,000
		（未払消費税）	351,000

未払消費税　：1,001,000円－650,000円＝**351,000円**

（6）社会保険料に関する処理（未払費用）

社会保険料の当社負担分は**法定福利費**（**費用**）として処理します。

（法定福利費）	10,000	（未払法定福利費）	10,000

法定福利費　：問題文より**10,000円**

（7）借入金に関する処理（前払費用）

本問では1年分の利息が借入時に差し引かれています。したがって、決算時では前払分の利息を**前払利息**（**資産**）として処理します。

（前払利息）	40,000	（支払利息）	40,000

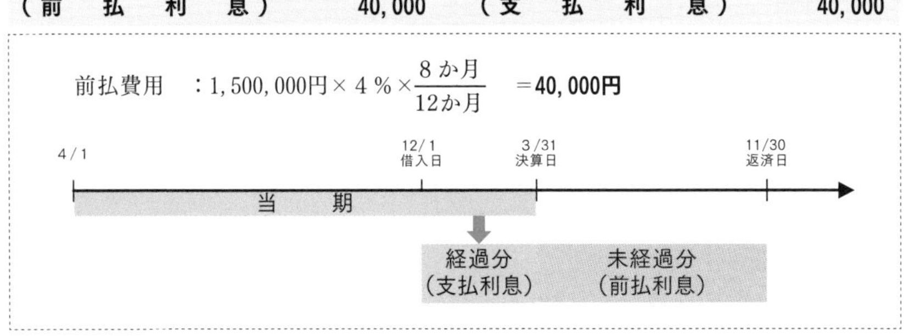

（8）法人税に関する処理

法人税を計上する場合、相手勘定は**未払法人税等（負債）**で処理します。

（法　人　税　等）	**200,000**	**（未払法人税等）**	**200,000**

3．貸借対照表と損益計算書の作成

残高試算表の金額に決算整理事項等を加味した金額で作成します。なお、貸借対照表の繰越利益剰余金と損益計算書の当期純利益の関係は次のとおりです。

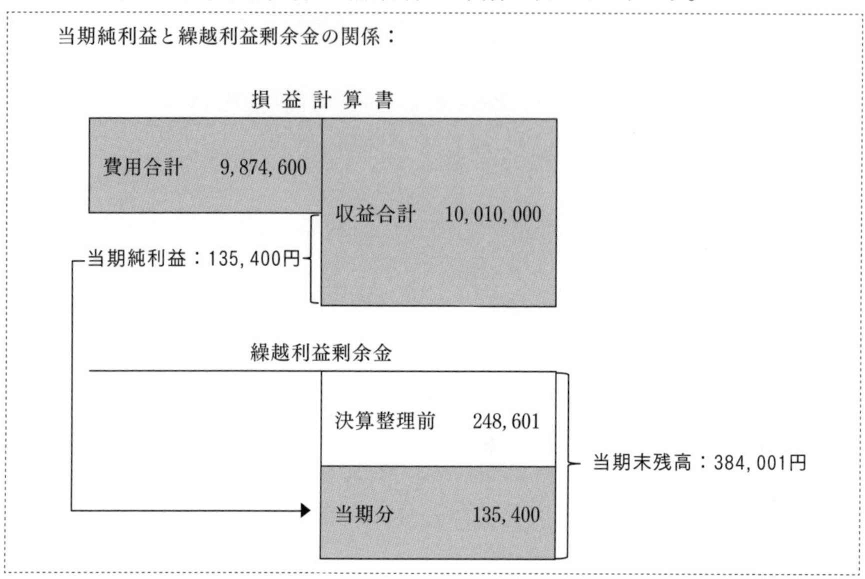

【参考】決算整理後残高試算表

本問で決算整理後残高試算表を作成した場合、次のようになります。貸借対照表、損益計算書との違いを確認しておきましょう。

残高試算表

借方	勘定科目	貸方
310,000	現金	
550,000	普通預金	
700,000	売掛金	
	仮払消費税	
40,000	前払利息	
400,000	繰越商品	
2,200,000	建物	
600,000	備品	
2,000,000	土地	
	買掛金	630,000
	未払消費税	351,000
	未払法定福利費	10,000
	未払法人税等	200,000
	借入金	1,500,000
	仮受金	
	仮受消費税	
	所得税預り金	18,000
	貸倒引当金	7,000
	建物減価償却累計額	300,000
	備品減価償却累計額	399,999
	資本金	3,000,000
	繰越利益剰余金	248,601
	売上	10,010,000
6,540,000	仕入	
2,200,000	給料	
4,000	貸倒引当金繰入	
200,000	減価償却費	
210,000	法定福利費	
150,000	租税公課	
60,000	支払利息	
250,000	その他費用	
60,600	支払手数料	
200,000	法人税等	
16,674,600		16,674,600

出陣じゃ!

滝澤ななみ（たきざわ・ななみ）

資格試験受験書のベストセラー著者として、日商簿記、FP、宅建士などで多くの著作を行っている。主な著作は『スッキリわかる日商簿記』シリーズ、『みんなが欲しかった簿記の教科書・問題集』シリーズ、『みんなが欲しかったFPの教科書・問題集』シリーズ、『みんなが欲しかった宅建士の教科書・問題集』シリーズ(以上TAC出版)『スカッと!解ける日商簿記』シリーズ(中央経済社)などがある。独学で資格試験に挑戦する一人ひとりに寄り添った「やさしくわかりやすい説明手法」に定評がある。「いかに専門用語の羅列をなくし、視覚や知識の定着にやさしくアプローチできるか」といった表現手法を日々研究し、著作活動に生かしている。一方で、日商簿記、FP、宅建士以外にも、多くの資格試験に精通し、「やさしくわかりやすい」資格試験書籍のフィールドを広げるべく、他分野での監修活動も行っている。主な監修分野には、「介護福祉士」「ケアマネージャー」などの医療福祉分野、「中小企業診断士」「社会保険労務士」などの経営・労務分野などがある。

＜facebook＞http://www.facebook.com/773taki

カバー・カラーページデザイン／鍋田哲平
本文デザイン・DTP／図書印刷株式会社
ふくろうイラスト／いぐちかなえ
編集／佐藤真由美
企画制作／株式会社SAMURAI Office

ベストライセンスシリーズ Let's Start!（レッツ スタート）

新しい日商簿記3級（あたらしいにっしょうぼききゅう）
過去&予想問題セレクション（かこよそうもんだい） 2020年度版（ねんどばん）

2020年3月30日　第1刷発行

著　者　滝澤ななみ（たきざわ）
発 行 者　川端下誠／峰岸延也
編集発行　株式会社講談社ビーシー
〒112-0013　東京都文京区音羽1-2-2
電話　03-3943-5771(事業開発局)
発売発行　株式会社講談社
〒112-8001　東京都文京区音羽1-12-21
電話 03-5395-4415(販売)
電話 03-5395-3615(業務)
印 刷 所　図書印刷株式会社
製 本 所　図書印刷株式会社

ISBN 978-4-06-518821-7 150p 21cm

Let’s Start!

新しい日商簿記３級　過去&予想問題セレクション　2020年度版

〈別冊〉問題用紙・答案用紙

〈別冊の使い方〉

①この用紙を残したまま、冊子をていねいに抜き取ってください。色紙は本体から取れませんのでご注意ください。

②抜き取った冊子は、針金を外してください。針金を外す際はケガをしないように、注意してくだささい。外した用紙は、コピーすれば何度でも活用することができます。

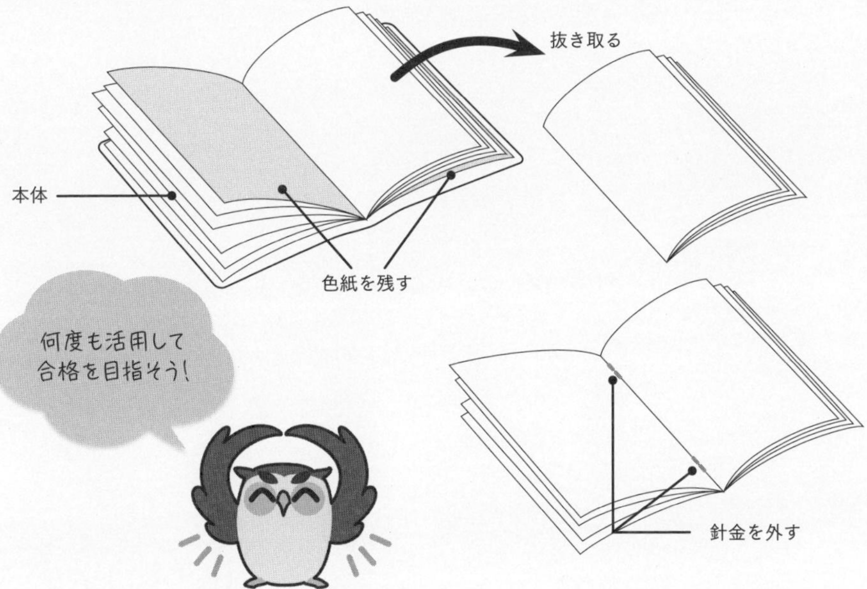

〈別冊ご利用時の注意〉

抜き取りの際の損傷についてのお取替えはご遠慮願います。

冊子内容は下記からもダウンロードすることができます。

https://bestlicense.jp/boki

※ダウンロードデータを許可なく配布したりWebサイト等に転載したりすることはできません。また、本データは予告なく終了することがあります。あらかじめご了承ください。

第1回予想問題　問題

第1問（20点）

下記の各取引について仕訳しなさい。ただし、勘定科目は、次の中から最も適当と思われるものを選び、正確に記入すること。

現金	普通預金	当座預金	受取手形	売掛金	
前払金	立替金	未収入金	差入保証金	仮払法人税等	
土地	買掛金	前受金	借入金	未払金	
未払法人税等	仮受金	未払利息	支払手数料	支払利息	

1．新規出店のため土地 300 ㎡を 1 ㎡あたり￥50,000 で購入し、購入手数料￥180,000 を含む代金の全額を後日支払うこととした。また、この土地の整地費用￥80,000 を普通預金口座より支払った。

2．新規出店のためにビルの 1 階部分を 1 か月あたり￥315,000 にて賃借する契約を結び、敷金を家賃 1 か月分、不動産業者に対する仲介手数料（家賃の 0.5 か月分）を、小切手を振り出して支払った。

3．取引銀行から短期資金として￥1,800,000 を借入れていたが、支払期日が到来したため、元利合計を普通預金から返済した。なお、借入れにともなう利率は年 1.5%、借入期間は当期中の 10 か月であった。

4．従業員が出張から戻り、さきの当座預金口座への￥300,000 の入金は、得意先秋田商事からの売掛金￥190,000 の回収および得意先青森商事から受け取った手付金￥110,000 であることが判明した。なお、入金時には内容不明の入

第２問（10点）

次の［資料］にもとづいて、①から⑤に入る適切な金額および勘定科目を答案用紙に記入しなさい。なお、固定資産は定額法にもとづき減価償却が行われており、減価償却費は月割計算によって計上する。また、当社の決算日は毎年３月31日である。

［資料］

固定資産台帳

Ｘ４年３月31日現在

取得年月日	名称等	期末数量	耐用年数	期首（期中取得）取得原価	期首減価償却累計額	差引期首（期中取得）帳簿価額	当期減価償却費
備品							
Ｘ０年４月１日	備品A	1	5年	2,500,000	1,500,000	1,000,000	500,000
Ｘ２年10月１日	備品B	1	6年	1,200,000	100,000	1,100,000	200,000
Ｘ３年６月１日	備品C	1	8年	960,000	0	960,000	100,000
小計				4,660,000	1,600,000	3,060,000	800,000

備品

日付	摘要	借方	日付	摘要	貸方

第3問（30点）

次の［資料1］と［資料2］にもとづいて、答案用紙の×2年3月31日の残高試算表を作成しなさい。

［資料1］×2年2月28日の残高試算表

借方	勘定科目	貸方
402,000	現金	
376,500	当座預金	
591,000	受取手形	
625,000	売掛金	
349,500	繰越商品	
50,000	前払金	
28,000	立替金	
25,000	仮払金	
980,000	備品	
1,200,000	土地	
800,000	貸付金	
	支払手形	210,000
	買掛金	420,000

［資料2］×2年3月中の取引

3日　甲府商事より商品￥250,000を仕入れ、代金のうち￥40,000は発注時に支払った手付金と相殺し、残額は掛けとした。また、商品の引取運賃（当社負担）￥5,000は現金で支払った。

4日　商品￥550,000を売り上げ、代金は掛けとした。なお、先方負担の発送費￥6,000は現金で支払い、この金額は掛代金に含めることとした。

6日　大月商事に振り出していた約束手形￥100,000の支払期日が到来し、当座預金口座から引落しが行われた旨の連絡を受けた。

10日　社会保険料預り金￥25,000（従業員の負担額）について、会社負担額（従業員の負担額と同額とする）を加えて現金で納付した。

14日　商品￥250,000を仕入れ、約束手形を振り出した。なお、先方負担の引取運賃￥2,000は現金で支払い、この金額は立替金で処理することとした。

第1回予想問題　問題

第４問（10点）

川崎商事株式会社は、日々の取引を入金伝票、出金伝票および振替伝票に記入して仕訳日計表を作成し、この仕訳日計表から総勘定元帳に転記している。同社の×1年12月１日の取引について作成された次の各伝票（略式）にもとづいて下記の問に答えなさい。

問１　答案用紙の仕訳日計表を作成し、総勘定元帳の現金勘定へ転記しなさい。

問２　12月１日現在の埼玉商店に対する売掛金残高を求めなさい。なお、11月30日現在の同社に対する売掛金残高は￥60,000であった。

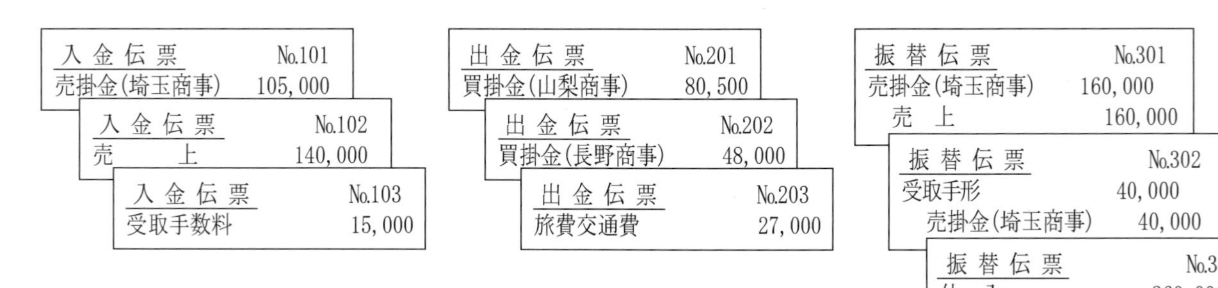

入金伝票　No.101
売掛金(埼玉商事)　105,000

入金伝票　No.102
売　上　140,000

入金伝票　No.103
受取手数料　15,000

出金伝票　No.201
買掛金(山梨商事)　80,500

出金伝票　No.202
買掛金(長野商事)　48,000

出金伝票　No.203
旅費交通費　27,000

振替伝票　No.301
売掛金(埼玉商事)　160,000
売　上　160,000

振替伝票　No.302
受取手形　40,000
売掛金(埼玉商事)　40,000

振替伝票　No.303
仕　入　260,000
買掛金(山梨商事)　260,000

第５問（30点）

次の［資料１］と［資料２］にもとづいて、答案用紙の貸借対照表と損益計算書を完成しなさい。なお、会計期間は×2年４月１日から×3年３月31日までの１年間である。

［資料１］決算整理前残高試算表

借　方	勘定科目	貸　方
415,500	現金	
7,500	現金過不足	
1,780,000	当座預金	
1,250,000	売掛金	
180,000	繰越商品	
12,000	仮払金	
97,000	仮払消費税	
800,000	貸付金	
1,500,000	建物	
450,000	備品	
2,500,000	土地	

［資料２］決算整理事項等

1．現金過不足につき、その原因を調査したところ通信費￥5,000の記帳もれが判明した。しかし、残額については原因不明のため適切な処理を行う。

2．決算日までに、得意先から掛代金￥100,000の回収として取引銀行の当座預金口座に振り込みがあったが未処理である。

3．仮払金の残高は、収入印紙の購入にあてたものであることが判明した。なお、この印紙のうち、￥5,000は使用済みで残りは未使用である。なお、他に未使用の印紙はない。

4．消費税の処理を行う。なお、当社は税抜方式を採用している。

5．期末商品棚卸高は￥220,000である。

受験番号

氏名

総合点

第1回予想問題　答案用紙

3級 ①

商業簿記

採点欄	
第1問	
第2問	

第1問（20点）

	仕		訳	
	借方科目	金額	貸方科目	金額
1				
2				
3				

受験番号

氏名

第１回予想問題　答案用紙
３　級　②
商　業　簿　記

採　点　欄	
第3問	

第３問（30点）

残 高 試 算 表

借　方	勘 定 科 目	貸　方
	現　金	
	当 座 預 金	
	受 取 手 形	
	売 掛 金	
	繰 越 商 品	
	前 払 金	
	立 替 金	
	仮 払 金	
	備　品	

受験番号

氏名

第1回予想問題　答案用紙

3級 ③

商業簿記

採点欄	
第4問	

第4問（10点）

問1

仕訳日計表

X1年12月1日

借方	勘定科目	貸方
	現金	
	受取手形	
	売掛金	
	買掛金	
	売上	
	受取手数料	
	仕入	

受験番号

氏名

第1回予想問題　答案用紙

3級 ④

商業簿記

採点欄	
第5問	

第5問（30点）

貸借対照表

×3年3月31日　（単位：円）

借方			貸方	
現金		(　　)	買掛金	(　　)
当座預金		(　　)	未払(　　)	(　　)
売掛金	(　　)		未払法人税等	(　　)
(　　)	△(　　)	(　　)	資本金	5,500,000
商品		(　　)	繰越利益剰余金	(　　)
貯蔵品		(　　)		
(　　)費用		(　　)		
(　　)収益		(　　)		
貸付金		(　　)		
建物	(　　)			

第2回予想問題　問題

第1問（20点）

下記の各取引について仕訳しなさい。ただし、勘定科目は、次の中から最も適当と思われるものを選び、正確に記入すること。

現金	当座預金	売掛金	クレジット売掛金	前払金
車両運搬具	買掛金	前受金	未払金	未払配当金
資本金	利益準備金	繰越利益剰余金	貸倒引当金	売上
仕入	貸倒損失	支払手数料	発送費	雑費

1．得意先が倒産し、当期に販売した商品に対する売掛金￥600,000のうち￥100,000は、かねて注文を受けたさいに受け取っていた手付金と相殺し、残額は貸倒れとして処理した。

2．商品￥500,000をクレジット払いの条件で販売した。なお、信販会社へのクレジット手数料として販売代金の4%を販売時に計上した。

3．中古自動車￥2,000,000を購入し、代金は後日支払うこととした。また、引取運賃として￥25,000を現金で支払った。なお、当社は自動車販売業を営んでいる。

4．得意先沖縄商店に商品￥440,000を売り上げ、代金については注文時の手付金￥40,000と相殺し、残額を掛けとした。なお、当社負担の発送費￥8,000は現金で支払った。

第2回予想問題　問題

第2問（10点）

京都商事株式会社の12月中の売掛金に関する取引の勘定記録は以下のとおりである。下記勘定の空欄のうち、(A)～（E）には次に示した［語群］の中から適切な語句を選択し記入するとともに、（①）～（⑤）には適切な金額を記入しなさい。なお、得意先は下記2店のみとし、各勘定は毎月末に締め切っている。

［語群］　前月繰越　次月繰越　現金　当座預金　売掛金　売上　返品

総勘定元帳

売掛金

日付	摘要	金額	日付	摘要	金額
12/1	前月繰越	600,000	12/6	売上	(　　)
5	(　A　)	(　①　)	12	(　B　)	275,000
18	(　　)	750,000	19	売上	(　②　)
			22	(　C　)	(　③　)
			25	当座預金	56,000
			31	(　D　)	614,000
		(　　)			(　　)

第2回予想問題　問題

第3問（30点）

答案用紙のx2年8月31日の残高試算表と次の［x2年9月中の取引］にもとづいて、答案用紙のx2年9月30日の残高試算表を完成しなさい。なお、ＩＣカードへのチャージ（入金）を行った際には仮払金勘定で処理し、使用時に適切な費用の勘定へ振り替えている。なお、問題文では次の取引に関して重複して記載されている。

重複取引：（１）ａと（５）ａ、（１）ｇと（２）ｄ、（１）ｈと(3)ａ

［x2年9月中の取引］

（１）　現金に関する事項

ａ．売上代金の受取り　¥1,200,000
ｂ．収入印紙の購入（使用済み）　¥3,500
ｃ．当座預金口座からの引き出し　¥50,000
ｄ．商品受注に伴う手付金の受入れ　¥80,000
ｅ．商品発注に伴う手付金の支払い　¥100,000
ｆ．事務書類郵送代金の支払い　¥2,000
ｇ．普通預金口座への預入れ　¥950,000
ｈ．ＩＣカードへのチャージ　¥10,000

（２）　普通預金に関する事項

（３）　ＩＣカードに関する事項

ａ．現金からのチャージ　¥10,000
ｂ．電車での移動による使用　¥3,800
ｃ．消耗品の購入による使用　¥2,400

（４）　仕入れに関する事項

ａ．約束手形の振出しによる仕入れ　¥348,000
ｂ．掛仕入れ　¥441,000

（５）　売上げに関する事項

ａ．現金売上げ　¥1,200,000

第2回予想問題　問題

第4問（10点）

下記の［**資料**］から、茨城株式会社（決算年1回、3月31日）の損益勘定、資本金勘定、繰越利益剰余金勘定の空欄①から⑤に当てはまる金額を記入しなさい。なお、当期は×2年4月1日から×3年3月31日までの一年間である。

［**資料**］

1．総売上高：￥4,250,000
2．純売上高：￥4,200,000
3．総仕入高：￥3,650,000
4．純仕入高：￥3,500,000
5．期首商品棚卸高：￥700,000
6．期末商品棚卸高：￥850,000
7．売上原価は仕入勘定で算定する

損　益

日付	摘要	金額	日付	摘要	金額
3/31	仕入	（　②　）	3/31	売上	（　①　）
	給料	700,000		受取手数料	350,000
	貸倒引当金繰入	10,000			

第2回予想問題　問題

第5問（30点）

次の［**資料1**］と［**資料2**］にもとづいて、答案用紙の決算整理後残高試算表を完成しなさい。なお、会計期間は×2年4月1日から×3年3月31日までの1年間である。

［**資料1**］決算整理前残高試算表

借　方	勘定科目	貸　方
912,600	現金	
150,000	普通預金	
	当座預金	320,000
2,760,000	売掛金	
1,250,000	電子記録債権	
200,000	繰越商品	
500,000	仮払金	
5,000,000	建物	
1,800,000	備品	
7,000,000	土地	
	買掛金	962,500

［**資料2**］決算整理事項等

1．現金の実際有高を確認するために金庫を実査したところ、次のものが保管されていた。なお、現金過不足額は雑損または雑益として処理すること。また、郵便切手については適切に処理すること。

　紙幣・硬貨　¥780,000

　他社振出しの小切手　¥112,600

　郵便切手　¥150,000

2．当座預金勘定の貸方残高全額を当座借越勘定に振り替える。なお、取引銀行とは借越限度額を¥1,500,000とする当座借越契約を結んでいる。

3．仮払金は全額備品の購入金額であることが判明した。なお、備品は10月1日に引き渡しを受けすぐに使用を始めた。

受験番号

氏名

総合点

第2回予想問題　答案用紙

3級 ①

商業簿記

採点欄	
第1問	
第2問	

第1問（20点）

	仕		訳	
	借方科目	金額	貸方科目	金額
1				
2				
3				

受験番号

氏名

第２回予想問題　答案用紙
３　級　②
商　業　簿　記

採点欄	
第3問	

第３問（30点）

残高試算表

借方 9月30日	借方 8月31日	勘定科目	貸方 8月31日	貸方 9月30日
	648,000	現金		
	1,250,000	普通預金		
	320,000	当座預金		
	330,000	受取手形		
	550,000	売掛金		
	180,000	電子記録債権		
	450,000	繰越商品		
	80,000	前払金		
	35,000	仮払金		

受験番号

氏名

第２回予想問題　答案用紙
３　級　③
商　業　簿　記

採　点　欄	
第4問	

第４問（10点）

①	②	③	④	⑤

受験番号

氏名

第2回予想問題　答案用紙

3　級　④

商　業　簿　記

採　点　欄	
第5問	

第５問（30点）

決算整理後残高試算表

借方残高	勘定科目	貸方残高
	現金	
	普通預金	
	当座借越	
	売掛金	
	電子記録債権	
	繰越商品	
	貯蔵品	
	前払保険料	
	建物	
	備品	
	土地	

第3回予想問題　問題

第1問（20点）

下記の各取引について仕訳しなさい。ただし、勘定科目は、次の中から最も適当と思われるものを選び、正確に記入すること。

現金	当座預金	売掛金	貯蔵品	未収入金
仮払金	備品	買掛金	未払金	仮受金
備品減価償却累計額	現金過不足	通信費	旅費交通費	消耗品費
租税公課	保管費	雑損	固定資産売却益	固定資産売却損

1．備品（取得原価￥600,000、減価償却累計額￥400,000、間接法で記帳）を期首に￥50,000で売却した。なお、代金は月末に受け取ることとした。

2．決算のため現状を調査したところ、すでに費用処理されているはがき（@￥63）が150枚と、収入印紙の未使用分￥16,800があることが判明したため、適切な勘定へ振り替える。

3．営業先訪問目的で利用する交通機関の料金支払用ＩＣカードに現金￥10,000を入金し、領収証の発行を受けた。なお、入金時に全額費用に計上する方法を採用している。

4．月末に金庫を実査したところ、紙幣￥200,000、硬貨￥7,500、得意先振出しの小切手￥20,000、郵便切手￥800が保管されていたが、現金出納帳の残高は￥225,000であった。不一致の原因を調べたが原因は判明しなかったので、

第3回予想問題　問題

第２問（10点）

秋田物産株式会社（決算年１回、３月31日）における次の取引にもとづいて、受取利息勘定と未収利息勘定の（A）～（E）にあてはまる適切な語句または金額を答案用紙に記入しなさい。なお、利息の計算はすべて月割計算とする。

４月１日　福島商店へ¥2,400,000（利率年２％、期間２年、利払日は９月と３月の各末日）を貸し付け、普通預金口座より振り込んだ。

９月30日　福島商店への貸付金について、利息が普通預金口座に入金された。

２月１日　岩手商店へ¥2,500,000（利率年1.5％、期間１年）を貸し付け、普通預金口座より振り込んだ。なお、利息は元本返済時に一括で受け取る契約である。

３月31日　福島商店への貸付金について、利息が普通預金口座に入金された。

岩手商店への貸付金について、未収分の利息を計上した。

受　取　利　息

日付	摘要	金額	日付	摘要	金額
3/31	（　A　）	（　　）	9/30	普通預金	（　B　）
			3/31	普通預金	（　　）
			31	未収利息	（　　）
		（　　）			（　C　）

第3回予想問題　問題

第３問（30点）

次の（A）期首貸借対照表と（B）４月中の取引にもとづいて、×２年４月30日現在の合計試算表を作成しなさい。

（A）期首貸借対照表

貸　借　対　照　表

×２年４月１日　　（単位：円）

資　　産	金　　額	負債及び純資産	金　　額
現金	440,000	支払手形	220,000
普通預金	1,020,000	買掛金	320,000
当座預金	950,000	前受金	30,000
受取手形	350,000	前受収益	34,000
売掛金	475,000	所得税預り金	28,000
クレジット売掛金	180,000	社会保険料預り金	13,500
商品	440,000	貸倒引当金	15,000
貸付金	600,000	建物減価償却累計額	120,000
貯蔵品	14,000	資本金	5,000,000
前払金	150,000	繰越利益剰余金	918,500
建物	900,000		
土地	1,180,000		

20日　商品¥64,000を売り上げ、代金のうち¥10,000は注文時に受け取った内金と相殺し、残額は約束手形を受け取った。

21日　買掛金¥200,000につき同額の約束手形を振り出し、収入印紙¥200を貼り付け郵送した。なお、郵送料¥600は現金で支払った。

22日　売掛金の回収として、先方振出の小切手¥50,000を受け取り、ただちに普通預金口座へ預け入れた。

25日　給料¥300,000につき、所得税の源泉徴収額¥30,000、従業員負担の社会保険料¥13,500差し引くとともに、13日に従業員より申請された文房具代¥5,000とともに普通預金口座から引き落とされた。また、その振込手数料として¥350が普通預金口座から引き落とされた。

26日　収入印紙¥2,000を購入し、代金は現金で支払った。なお、この収入印紙はすぐに使用した。

27日　クレジット売掛金¥97,000が普通預金口座に振り込まれた。

28日　かねて振り出していた約束手形¥45,000が当座預金口座から引き落とされた。

29日　売掛金¥9,000（前期発生分）が貸倒れとなった。

30日　建物について、当月分の減価償却費¥2,500を計上した。

第4問（10点）

山梨農機株式会社と株式会社横浜商事は主たる営業活動として工作機械の販売を行っており、それぞれ商品発送時に売上、商品受取時に仕入を計上している。そこで、以下の証ひょうにもとづき、**問**に答えなさい。なお、発送費¥15,000は山梨農機株式会社が負担し、発送時に現金で支払っている。

第3回予想問題　問題

第５問（30点）

次の［資料１］と［資料２］にもとづいて、答案用紙の貸借対照表と損益計算書を完成しなさい。なお、会計期間は×2年４月１日から×3年３月31日までの1年間である。

［資料１］決算整理前残高試算表

借　方	勘定科目	貸　方
556,250	現金	
1,725,000	普通預金	
1,300,000	定期預金	
3,850,000	売掛金	
220,000	繰越商品	
200,000	仮払法人税等	
612,500	貸付金	
4,500,000	建物	
1,200,000	備品	
2,000,000	土地	
	買掛金	2,800,000

［資料２］決算整理事項等

1．従業員が立替払いした旅費交通費は￥35,000であったが未処理である。なお、当社では旅費交通費を毎月末に未払金として計上し、従業員には翌月に支払っている。

2．売掛金￥300,000が普通預金口座へ入金されていたが未処理であった。

3．２月１日に、土地￥750,000を購入し、代金は４か月後に支払うこととした。購入時に以下の仕訳をしていたので、適切に修正する。

（借方）土　地 750,000　（貸方）買掛金 750,000

4．当期首に備品（取得原価￥600,000、減価償却累計額￥360,000）を￥315,000で売却し、代金は現金で受け取った際に、次の仕訳を行っていたので適切に修正する。

受験番号

氏名

総合点

第3回予想問題　答案用紙

3 級 ①

商業簿記

採点欄	
第1問	
第2問	

第1問（20点）

	仕		訳	
	借方科目	金額	貸方科目	金額
1				
2				
3				

受験番号

氏名

採点欄	
第3問	

第3回予想問題　答案用紙

3　級　②

商　業　簿　記

第3問（30点）

合計試算表

×2年4月30日

借　　方	勘定科目	貸　　方
	現金	
	普通預金	
	当座預金	
	受取手形	
	売掛金	
	クレジット売掛金	
	繰越商品	
	貸付金	
	貯蔵品	
	前払金	
	建物	

受験番号

氏名

第3回予想問題　答案用紙

3　級　③

商　業　簿　記

採　点　欄	
第4問	

第４問（10点）

	仕		訳	
	借方科目	金額	貸方科目	金額
（1）				
（2）				
（3）				
（4）				

受験番号

氏名

第3回予想問題　答案用紙
3　級　④
商　業　簿　記

採　点　欄	
第5問	

第5問（30点）

貸　借　対　照　表

X3年3月31日　　　　（単位：円）

資産			負債・純資産	
現　　　金		556,250	買　掛　金	(　　　)
普 通 預 金		(　　　)	未　払　金	(　　　)
定 期 預 金		1,300,000	未払法人税等	(　　　)
売　掛　金	(　　　)		資　本　金	7,000,000
(　　　)	△(　　　)	(　　　)	繰越利益剰余金	(　　　)
商　　　品		(　　　)		
(　)費用		(　　　)		
(　)収益		(　　　)		
貸　付　金		612,500		
建　　　物	(　　　)			

第4回予想問題　問題

第１問（20点）

下記の各取引について仕訳しなさい。ただし、勘定科目は、次の中から最も適当と思われるものを選び、正確に記入すること。

現金	普通預金	当座預金	売掛金	前払金
従業員立替金	受取商品券	仮払金	仮払消費税	買掛金
前受金	所得税預り金	社会保険料預り金	未払金	未払消費税
仮受金	仮受消費税	現金過不足	売上	受取手数料
雑益	仕入	給料	旅費交通費	雑損

1．決算日、過日借方に計上していた現金過不足￥40,000の原因を改めて調査した結果、旅費交通費￥60,000、受取手数料￥36,000の記入漏れが判明した。残額は原因が不明であったので、雑益または雑損として処理する。

2．商品￥200,000を販売し、代金のうち￥80,000は信販会社が発行している商品券で受け取り、残額は後日受け取ることとした。

3．仕入先青山商店に注文していた商品￥300,000が到着し、商品代金のうち10%は手付金として支払済みのため相殺し、残額は掛けとした。なお、商品の引取運賃￥4,500は着払い（当社負担）となっているため現金で支払った。

4．今月分の従業員に対する給料￥1,000,000を、所得税の源泉徴収分￥70,000および健康保険・厚生年金の社会保険料合計￥94,000、さらに会社側が立て替えて支払った雇用保険の従業員負担分の月額相当額￥4,500を控除し、各従業員の銀行口座へ普通預金口座から振り込んだ。

5．商品を仕入れ、品物とともに次の納品書を受け取り、代金は後日支払うこととした。

第4回予想問題　問題

第2問（10点）

新潟商事株式会社では、商品売買に関する記帳に分記法を採用している。下記の総勘定元帳にもとづき各問に答えなさい。なお、解答の便宜上、会計期間は3月1日から3月31日の1か月とする。

商　品

日付	摘要	金額	日付	摘要	金額
3/1	前期繰越	5,500	3/12	売掛金	2,800
10	買掛金	3,000	16	売掛金	7,200
15	買掛金	8,000	27	買掛金	300
25	買掛金	3,500	31	次期繰越	9,700
		20,000			20,000

商品売買益

日付	摘要	金額	日付	摘要	金額
3/31	損益	2,500	3/12	売掛金	700
			16	売掛金	1,800
		2,500			2,500

問1　仮に、同社が三分法を用いて記帳した場合における仕入勘定を作成しなさい。なお、売上原価の計算は仕入勘定で行うこと。

問2　仮に、同社が三分法を用いて記帳した場合における売上勘定を作成しなさい。

第3問（30点）

次の(1)合計試算表と（2）諸取引にもとづいて、答案用紙の×2年11月30日の合計残高試算表と売掛金および買掛金の明細表を作成しなさい。

（1）×2年11月24日時点の合計試算表

合　計　試　算　表

第4回予想問題　問題

（2）　x2年11月25日から30日までの諸取引

※（　　）内は、金額の内容を示す。

25日　仕　　　入：大宮商店　￥200,000（手付金と相殺￥50,000、掛け￥150,000）
給料支払い：支給総額　￥400,000(所得税の源泉徴収額￥16,000、社会保険料￥24,000)なお、差引額を当座預金北東京銀行口座から引落し

26日　売　　　上：立川商店　￥350,000（手付金と相殺￥150,000、掛け￥200,000）同店負担の発送費￥5,000を現金で立て替えたので、立替金勘定で処理
買掛金支払い：大宮商店　￥120,000、熊谷商店　￥90,000、当座預金南関東銀行口座から支払い

27日　仕　　　入：熊谷商店　￥82,000（掛け￥82,000）
経費支払い：通信費　￥45,000、当座預金北東京銀行口座から引落し

28日　売　　　上：池袋商店　￥230,000（手付金と相殺￥30,000、掛け￥200,000）
同店負担の発送費￥5,000を現金で立て替えたので売掛金勘定に加算する
電子記録債務：大宮商店に対する買掛金　￥170,000、その後、電子記録債務の発生記録
仕入戻し：27日の熊谷商店仕入分より　￥30,000
売上戻り：26日の立川商店売上分より　￥45,000

29日　売掛金回収：池袋商店　￥180,000、立川商店　￥145,000、当座預金南関東銀行口座へ入金
電子記録債権：池袋商店に対する売掛金　￥160,000、承諾後、電子記録債権の発生記録

30日　電子記録債権：池袋商店に対する電子記録債権決済　￥210,000、当座預金南関東銀行口座へ入金
電子記録債務：大宮商店に対する電子記録債務決済　￥70,000、当座預金南関東銀行口座から引落し

第4回予想問題　問題

第５問（30点）

次の決算整理事項等にもとづいて、答案用紙の精算表を完成しなさい。なお、会計期間は×２年４月１日から×３年３月31日までの１年間である。

決算整理事項等

１．期末の現金実際有高は￥24,000である。帳簿残高との差額は、雑損または雑益として処理する。

２．得意先が倒産し、前期から繰り越されてきた売掛金のうち￥70,000が貸倒れとなったが未処理であった。

３．決算にあたり、商品以外の物品の現状を調査したところ、すでに費用処理されているはがき（@￥63）が80枚、切手（@￥84）が200枚未使用であることが判明したため、適切な勘定へ振り替える。

４．消費税の処理を行う。なお、当社は税抜方式を採用している。

５．期末商品棚卸高は￥165,000である。なお、売上原価は「売上原価」の行で計算すること。

６．建物（残存価額ゼロ）については定額法（耐用年数50年）、備品（残存価額ゼロ）については定額法（耐用年数６年）により減価償却を行う。

７．売掛金の期末残高に対して１％の貸倒れを差額補充法により設定する。

８．受取手数料の未収分が￥15,000ある。

９．給料の未払分が￥20,000ある。

10．保険料は、12月１日に向こう１年分をまとめて支払ったものであり、未経過分を繰り延べる。

受験番号

氏名

総合点

第4回予想問題　答案用紙

3級 ①

商業簿記

採点欄	
第1問	
第2問	

第1問（20点）

	仕		訳	
	借方科目	金額	貸方科目	金額
1				
2				
3				

領　収　証　書

科目	法人税

税目	金額
本　税	850,000
○○○税	
△△税	
□□税	
××税	
合計額	¥850,000

納期等の区分	X10401 X20331
中間申告	確定申告（○印）

住所	埼玉県川越市○○
氏名	株式会社川越商事

出納印
X2. 5. 30
関東銀行

				( )					( )

備品減価償却累計額

日		付	摘要	借方	日		付	摘要	貸方
X4	3	31	次期繰越	( )	X3	4	1	前期繰越	(③)
					X4	3	31	(⑤)	(④)
				( )					( )

	未払金	20,000
	貸倒引当金	65,000
	備品減価償却累計額	367,000
	資本金	1,000,000
	繰越利益剰余金	330,000
	売上	5,450,000
	受取利息	35,000
1,495,000	仕入	
780,000	給料	
145,000	旅費交通費	
90,000	法定福利費	
36,000	減価償却費	
7,973,000		7,973,000

17日　上野原商事に商品￥400,000を売り渡し、代金のうち半額は当社が以前振り出した小切手で受け取り、残額は掛けとした。なお、先方負担の発送費￥3,000は現金で支払い、この金額は掛代金に含めることとした。

19日　備品￥200,000で購入し、代金は来月末に支払うこととした。

20日　商品￥180,000を売り上げ、当社宛の約束手形を受け取った。

21日　貸付金にかかる利息￥5,000が当座預金口座に振り込まれた。

22日　売掛金￥150,000が当座預金口座に振り込まれた。

23日　買掛金￥90,000を当座預金口座から支払った。

25日　給料￥350,000について、所得税の源泉徴収分￥18,000、従業員負担の社会保険料￥35,000を差し引いた手取り額を、当座預金口座から支払った。

27日　従業員の出張にあたり、旅費の概算額￥40,000を現金で渡した。

29日　前年度の売上げにかかる売掛金￥70,000が、得意先の倒産により貸し倒れた。

31日　備品について、当月分の減価償却費￥7,000を計上した。

	仮受消費税	112,000
	貸倒引当金	25,000
	建物減価償却累計額	750,000
	備品減価償却累計額	225,000
	資本金	5,500,000
	繰越利益剰余金	1,458,000
	売上	6,450,000
4,250,000	仕入	
1,340,000	給料	
486,000	支払家賃	
150,000	通信費	
87,000	租税公課	
15,305,000		15,305,000

建物：残存価額ゼロ、耐用年数30年

備品：残存価額ゼロ、耐用年数5年

7．売掛金の期末残高に対して2％の貸倒引当金を差額補充法により設定する。

8．貸付金は、当期の１月１日に期間１年、利率年２％（利息は元本返済時に一括して受取り）の条件で貸し付けたものである。なお、利息の計算は月割りによること。

9．家賃のうち￥396,000は、当期の７月１日より改定となった家賃に対し１年分を前払いしたものである。よって、家賃の前払額を月割計上する。

10．法人税等￥20,000および未払法人税等￥20,000を計上する。

4				
5				

第２問（10点）

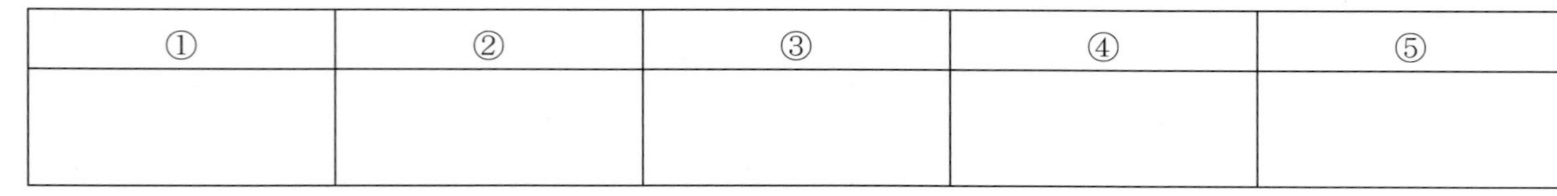

①	②	③	④	⑤

	支払手形	
	買掛金	
	所得税預り金	
	社会保険料預り金	
	未払金	
	備品減価償却累計額	
	資本金	
	繰越利益剰余金	
	売上	
	受取利息	
	仕入	
	給料	
	旅費交通費	
	法定福利費	
	減価償却費	
	（　　　　）	

現　金

日付	摘要	金額	日付	摘要	金額
12/1	前月繰越	210,000	12/1	仕訳日計表	(　　　)
〃	仕訳日計表	(　　　)			

問２

埼玉商事に対する売掛金残高

¥ [　　　]

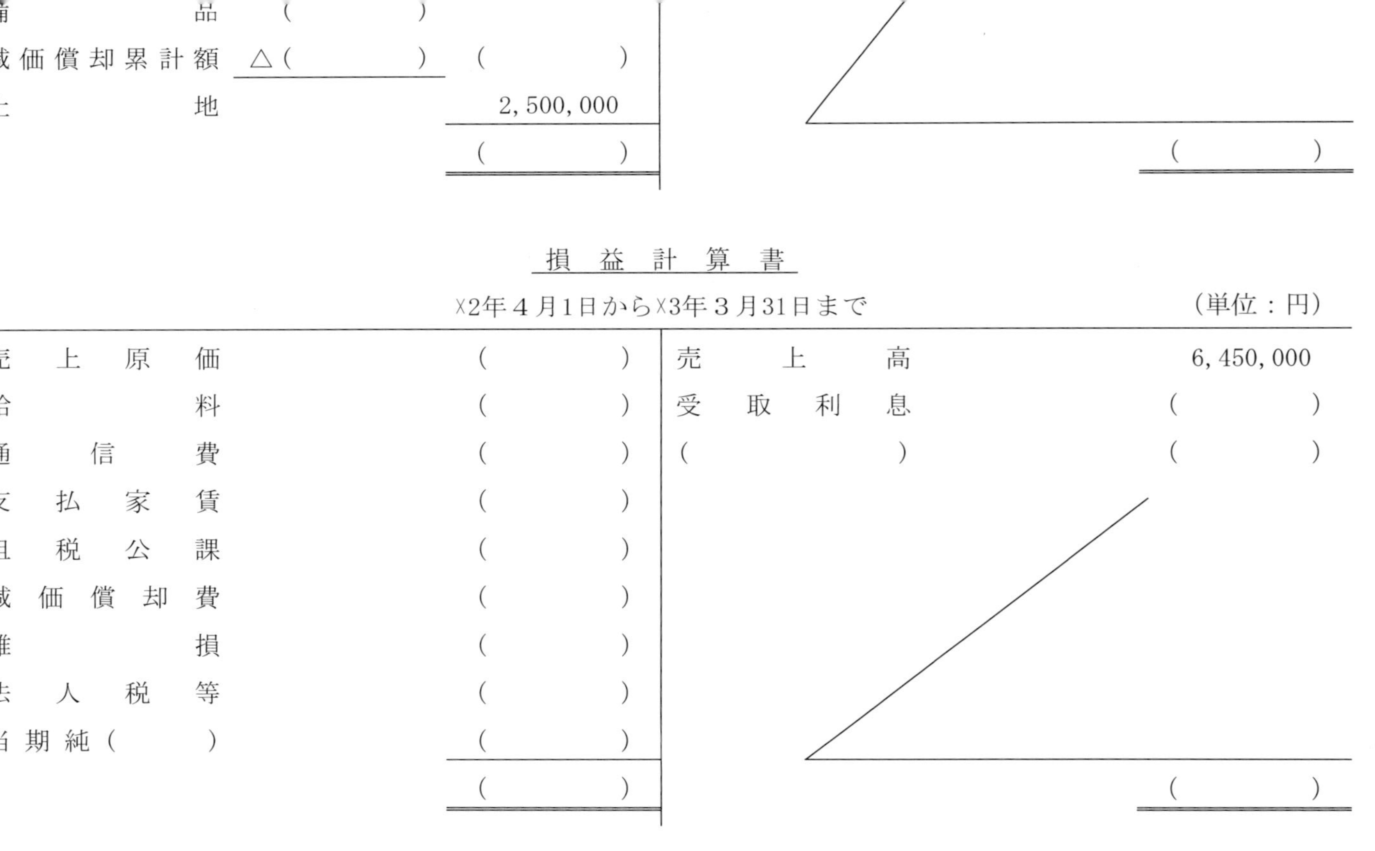

備品	(　　)			
減価償却累計額	△(　　)	(　　)		
土地		2,500,000		
		(　　)		(　　)

損益計算書

×2年4月1日から×3年3月31日まで　　(単位：円)

売上原価	(　　)	売上高	6,450,000
給料	(　　)	受取利息	(　　)
通信費	(　　)	(　　)	(　　)
支払家賃	(　　)		
租税公課	(　　)		
減価償却費	(　　)		
雑損	(　　)		
法人税等	(　　)		
当期純(　　)	(　　)		
	(　　)		(　　)

利益準備金の積立て：¥ 30, 000

12/1	(　　　)	350,000	12/19	(　　　)	(　　　)
18	売上げ	(　　　)	22	当座預金受取り	815,000
			25	当座預金受取り	56,000
			31	(　　　)	(④)
		1,100,000			1,100,000

神　戸　商　店

12/1	(E)	(　　　)	12/6	返品	(⑤)
5	売上げ	450,000	12	現金受取り	(　　　)
			31	(　　　)	410,000
		700,000			700,000

ｃ．約束手形の期日入金　¥150,000

ｄ．現金からの預入れ　¥950,000

ｅ．給与の支払い（源泉所得税 ¥8,000 差引後の金額）　¥332,000

ｆ．所得税の源泉徴収額の支払い　¥6,500

ｇ．諸費用の支払い

電話料金　¥12,500

水道光熱費　¥13,800

家賃　¥112,000

ｈ．当座預金口座への振替え　¥335,000

（６）その他の取引

ａ．前期に発生した売掛金の貸倒れ　¥13,000

ｂ．備品の購入（代金翌月払い）　¥150,000

ｃ．仮受金は売掛金の回収であることが判明　¥33,000

ｄ．電子記録債権の期日到来により当座預金口座へ入金　¥35,000

ｅ．買掛金を電子記録債務として発生記録　¥20,000

ｆ．約束手形の期日支払（当座払い）　¥120,000

	(　　　　)	(　　　)			
		(　③　)			(　　　)

資　本　金

3/31	次期繰越	(　　　)	4/1	前期繰越	5,000,000

繰越利益剰余金

6/25	諸口	150,000	4/1	前期繰越	200,000
3/31	次期繰越	(　　　)	3/31	(　　　　)	(　④　)
		(　⑤　)			(　　　)

	借入金	2,400,000
	貸倒引当金	35,000
	建物減価償却累計額	2,200,000
	備品減価償却累計額	675,000
	資本金	8,000,000
	繰越利益剰余金	1,303,600
	売上	8,756,000
	受取地代	312,000
4,215,000	仕入	
1,213,500	給料	
511,000	通信費	
222,000	保険料	
25,734,100		25,734,100

5．期末商品棚卸高は￥250,000である。

6．建物および備品について定額法によって減価償却を行う。なお、当期中に取得した備品については月割りで減価償却費を計上する。

建　物　残存価額：ゼロ　耐用年数　40年

備　品　残存価額：ゼロ　耐用年数　4年

7．売掛金および電子記録債権の期末残高に対して1％の貸倒引当金を差額補充法により設定する。

8．保険料のうち￥180,000は、当期の7月1日に支払った1年分の保険料である。よって、未経過高を月割計算により計上する。

9．借入金は、x3年1月1日からx3年12月31日（利払日）までの借入金である。借入金の利率は年0.75％である。よって、決算日までの利息未払高を月割計算により計上する。

10．受取地代は偶数月の月末に向こう2か月分として￥48,000を受け取っている。

4				
5				

第２問（10点）

A	B	C	D	E
①	②	③	④	⑤

		買掛金	320,000	
		電子記録債務	120,000	
		前受金	75,000	
		所得税預り金	6,500	
		未払金	20,000	
		仮受金	50,000	
		貸倒引当金	20,000	
		備品減価償却累計額	225,000	
		資本金	2,000,000	
		繰越利益剰余金	1,905,500	
		売上	6,800,000	
	3,300,000	仕入		
	2,700,000	給料		
	150,000	通信費		
	135,000	旅費交通費		
	72,000	消耗品費		
	177,000	水道光熱費		
	45,000	租税公課		
	480,000	支払家賃		
	11,752,000		11,752,000	

	電子記録債務	
	未払利息	
	前受地代	
	借入金	
	貸倒引当金	
	建物減価償却累計額	
	備品減価償却累計額	
	資本金	
	繰越利益剰余金	
	売上	
	受取地代	
	仕入	
	給料	
	通信費	
	保険料	
	貸倒引当金繰入	
	減価償却費	
	支払利息	
	雑損	

理している。

領収書

株式会社横浜商事　御中

平塚商会株式会社

品物	数量	単価	金額
キャビネット	5	165,000	¥825,000
配送料	—	—	¥　8,800
設置費用	5	10,800	¥ 54,000
	合計		¥887,800

収入印紙
200円
印

上記の合計額を領収いたしました。

4 / 1　前期繰越　(　D　)

1日　再振替仕訳を行う。なお、貯蔵品勘定の内訳は収入印紙が￥8,000、郵便切手が￥6,000である。

2日　商品￥250,000を仕入れ、代金のうち￥50,000は注文時に支払っていた手付金を充当し、残額は約束手形を振り出した。

4日　商品￥120,000を売り上げ、代金は掛けとした。なお、当社負担の発送費￥2,500は現金で支払った。

5日　社会保険料預り金￥13,500（従業員の負担額）について、会社負担額（従業員の負担額と同額とする）を加えて現金で納付した。

6日　買掛金￥75,000を普通預金口座から振り込んだ。また、その振込手数料として￥350が普通預金口座から引き落とされた。

10日　所得税の源泉徴収額￥28,000を普通預金口座から納付した。

12日　商品￥50,000の注文を受け、内金として￥15,000を現金で受け取った。

13日　従業員が業務に必要な文房具（消耗品費）￥5,000を立替払いで購入したので、同額を給料に含めて支払うこととした。

15日　商品￥300,000をクレジット払いの条件で販売した。なお、信販会社への手数料（販売代金の３％）を販売時に計上した。

16日　商品￥70,000を仕入れ、￥20,000は現金で支払い、残額は掛けとした。

山梨農機株式会社

商品	数量	単価	金額
耕運機	3	150,000	￥450,000
送料	—	—	0
	合計		￥450,000

振込期限：10月31日

振　込　先：信州銀行大月支店

普通　2334455　ヤマナシノウキ（カ

関東銀行鎌倉支店

取引日	摘要	支払金額
10.31	お振込ヤマナシノウキ（カ	450,000
10.31	お振込手数料	450

問　下記の取引時の仕訳をそれぞれ答えなさい。解答にあたって、勘定科目は次の中から選ぶこと。

現金　普通預金　当座預金　売掛金　買掛金　売上　受取手数料　仕入　支払手数料　発送費

（１）商品発送時の山梨農機株式会社の仕訳

（２）商品受取時の株式会社横浜商事の仕訳

（３）販売代金の振り込みを受けたときの山梨農機株式会社の仕訳

（４）購入代金を振り込んだときの株式会社横浜商事の仕訳

	貸倒引当金	110,000
	建物減価償却累計額	1,800,000
	備品減価償却累計額	1,080,000
	資本金	7,000,000
	繰越利益剰余金	954,500
	売上	11,500,000
	受取利息	12,250
3,850,000	仕入	
5,600,000	給料	
336,000	旅費交通費	
272,000	支払家賃	
285,000	固定資産売却損	
26,506,750		26,506,750

(貸方) 備　　品　600,000

5．期末商品棚卸高は¥350,000である。

6．有形固定資産について、次の要領で定額法により減価償却を行う。

建物：残存価額ゼロ、耐用年数30年

備品：残存価額ゼロ、耐用年数５年

7．売掛金の期末残高に対して３％の貸倒引当金を差額補充法により設定する。

8．家賃は毎期同額を８月１日に向こう１年分を支払っている。

9．定期預金は、12月１日に１年満期（利率年1.825%）で預け入れたものである。すでに経過した121日分の利息を未収計上する。なお、利息は１年を365日とする日割計算によること。

10．当期の法人税等の金額は¥390,000であった。仮払法人税等との差額は未払法人税等として計上する。

4				
5				

第２問（10点）

A	B	C	D	E

	支払手形	
	買掛金	
	前受金	
	前受利息	
	未払金	
	所得税預り金	
	社会保険料預り金	
	貸倒引当金	
	建物減価償却累計額	
	資本金	
	繰越利益剰余金	
	売上	
	受取利息	
	仕入	
	給料	
	通信費	
	消耗品費	
	租税公課	
	減価償却費	
	発送費	
	法定福利費	
	支払手数料	

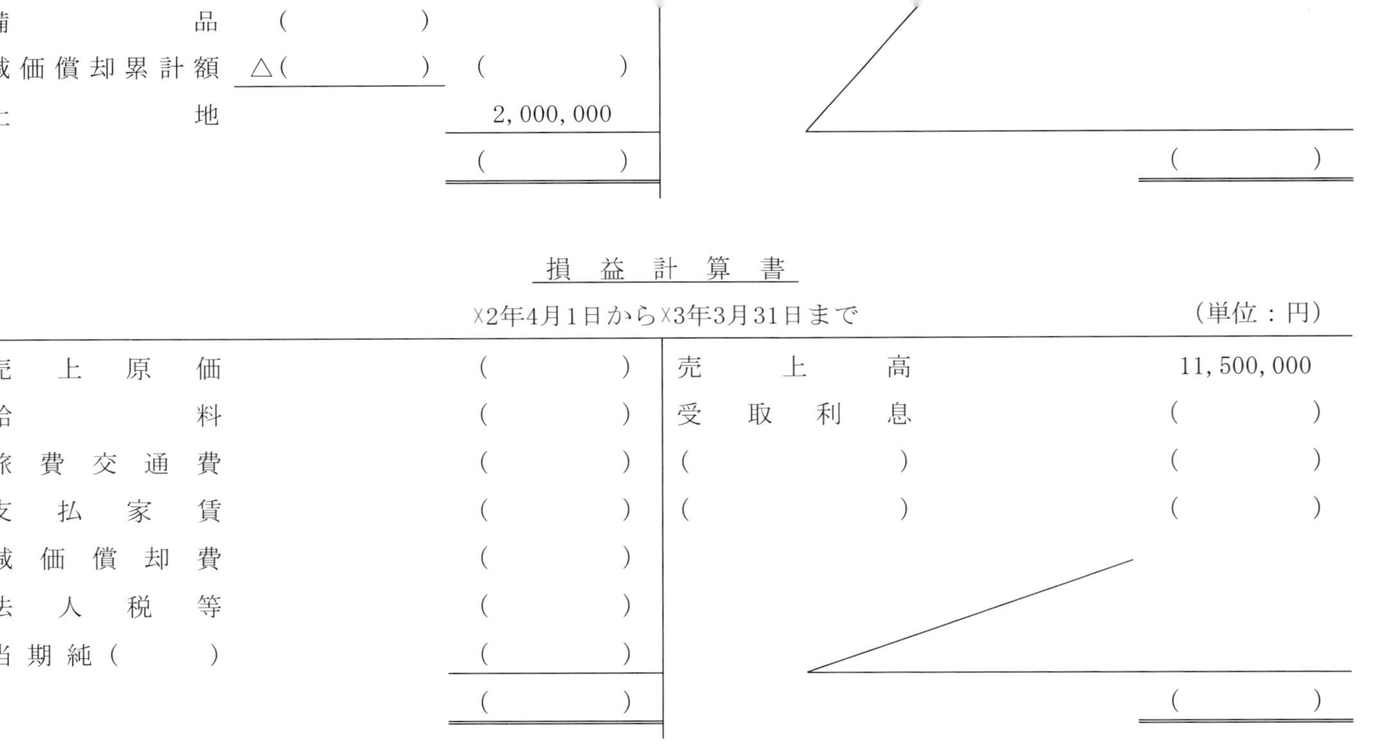

備品	(　　)			
減価償却累計額	△(　　)	(　　)		
土地		2,000,000		
		(　　)		(　　)

損益計算書

×2年4月1日から×3年3月31日まで　　(単位：円)

売上原価	(　　)	売上高	11,500,000
給料	(　　)	受取利息	(　　)
旅費交通費	(　　)	(　　)	(　　)
支払家賃	(　　)	(　　)	(　　)
減価償却費	(　　)		
法人税等	(　　)		
当期純(　　)	(　　)		
	(　　)		(　　)

株式会社千葉商事　御中

埼玉株式会社

品物	数量	単価	金額
鉛筆（12本入りケース）	400	900	¥360, 000
ボールペン（12本入りケース）	100	1, 200	¥120, 000
油性ペン（10本入りケース）	50	1, 500	¥ 75, 000
	消費税		¥ 55, 500
	合計		¥610, 500

借方	勘定科目	貸方
2,500,000	現金	1,950,000
3,750,000	当座預金南関東銀行	1,300,000
1,500,000	当座預金北東京銀行	820,000
2,200,000	売掛金	1,200,000
800,000	電子記録債権	450,000
400,000	繰越商品	
185,000	前払金	35,000
12,000	立替金	3,000
1,000,000	貸付金	
600,000	備品	
1,200,000	買掛金	1,830,000
85,000	電子記録債務	221,000
42,000	前受金	395,000
15,000	所得税預り金	15,000
22,000	社会保険料預り金	22,000
	資本金	4,600,000
	繰越利益剰余金	708,000
15,000	売上	5,400,000
	受取利息	75,000
3,200,000	仕入	12,000
1,200,000	給料	
100,000	通信費	
210,000	旅費交通費	
19,036,000		19,036,000

貸付金回収：三鷹商店に対する貸付金 ¥500,000 およびその利息¥10,000 が当座預金北東京銀行口座へ入金

第４問（10点）

次の９月中の取引にもとづいて、下記の問に答えなさい。

９月７日　A商品50個を@¥420で仕入れた。
10日　A商品140個を@¥600で販売した。
13日　10日に売り上げたA商品のうち40個が返品された。
20日　A商品25個を@¥380で仕入れた。
25日　A商品110個を@¥580で販売した。

問１　答案用紙の商品有高帳（A商品）を作成し締め切りなさい。なお、記帳方法は移動平均法を採用しており、商品の返品に関しては受入欄に記入している。また、10月の前月繰越欄の記入は不要である。

問２　移動平均法により記帳した場合の売上高、売上原価、売上総利益を答えなさい。

問３　先入先出法により記帳した場合の次月繰越額を答えなさい。

5				

第２問（10点）

問１

仕　入

3/10	(　　)	(　　)	3/27	(　　)	(　　)
15	(　　)	(　　)	31	(　　)	(　　)
25	(　　)	(　　)	〃	(　　)	(　　)
31	(　　)	(　　)			
		(　　)			(　　)

問２

売　上

3/31	(　　)	(　　)	3/12	(　　)	(　　)
			16	(　　)	(　　)
		(　　)			(　　)

		電子記録債務		
		前受金		
		所得税預り金		
		社会保険料預り金		
		資本金		
		繰越利益剰余金		
		売上		
		受取利息		
		仕入		
		給料		
		通信費		
		旅費交通費		

売掛金明細表

	11月24日	11月30日
池袋商店	¥ 700,000	¥
立川商店	300,000	
	¥1,000,000	¥

買掛金明細表

	11月24日	11月30日
大宮商店	¥ 450,000	¥
熊谷商店	180,000	
	¥ 630,000	¥

問２

売上高	¥
売上原価	¥
売上総利益	¥

問３

先入先出法による次期繰越額

¥ [　　　　]

繰越利益剰余金		271,640						
売上		1,680,000						
受取手数料		22,000						
仕入	910,000							
給料	300,000							
通信費	150,240							
保険料	60,000							
	5,944,640	5,944,640						
売上原価								
貸倒引当金繰入								
減価償却費								
貸倒損失								
雑損								
貯蔵品								
(　　)手数料								
(　　)保険料								
(　　)給料								
(　　)消費税								
当期純(　　)								

第２問（10点）

次の **［資料］** にもとづいて、**問**に答えなさい。

［資料］　x1年５月中の取引

２日　先月に大阪商会株式会社から掛けで仕入れた商品￥20,000を品違いのため返品し、同社に対する掛代金から差し引いた。

16日　土地180㎡を１㎡当たり￥30,000で取得し、代金は小切手を振り出して支払った。なお、整地費用￥198,000は現金で支払った。

18日　九州商事株式会社に商品￥450,000を売り上げ、代金のうち￥40,000は注文時に同社から受け取った手付金と相殺し、残額は掛けとした。なお、同社負担の発送費￥3,000は現金で立て替え払いしたので、この分は掛代金に含めることとした。

25日　京都商会株式会社に対する売掛金（前期販売分）￥370,000が貸し倒れた。なお、貸倒引当金の残高は￥160,000である。

問１　x1年５月中の取引が、答案用紙に示されたどの補助簿に記入されるか答えなさい。なお、解答にあたっては、各取引が記入されるすべての補助簿の欄に○印をつけること。

問２　x1年10月30日に、x1年５月16日に取得した土地すべてを１㎡当たり￥36,000で売却した。この売却取引から生じた固定資産売却損益の金額を答えなさい。なお、答案用紙の（　　）内の損か益かのいずれかに○印をつけること。

129,000	支払手数料	
86,000	消耗品費	
11,213,000		11,213,000

[資料2]　×1年9月中の取引

1日　貸付金￥300,000 の満期日になり、元利合計が当座預金口座に振り込まれた。なお、貸付利率は年4％、貸付期間は3か月であり、利息は月割計算する。

2日　商品￥240,000 を仕入れ、代金のうち￥75,000 は注文時に支払った手付金と相殺し、残額は掛けとした。

3日　商品￥600,000 をクレジット払いの条件で販売するとともに、信販会社への手数料（販売代金の4％）を計上した。

5日　買掛金￥180,000 の支払いとして、同額の約束手形を振り出した。

6日　先月の給料にかかる所得税の源泉徴収額￥20,000 を現金で納付した。

8日　オフィス拡張につき、ビルの4階部分を1か月当たり￥160,000 で賃借する契約を不動産業者と締結し、保証金（敷金）￥320,000 と不動産業者に対する仲介手数料￥160,000 を当座預金口座から支払った。

12日　商品￥390,000 を仕入れ、代金として同額の約束手形を振り出した。

13日　商品￥200,000 を売り上げ、代金として相手先が振り出した約束手形を受け取った。

16日　支払手形￥250,000 が決済され、当座預金口座から引き落とされた。

19日　クレジット売掛金￥780,000 が当座預金口座に振り込まれた。

20日　給料￥300,000 の支払いに際して、所得税の源泉徴収額￥15,000 を差し引き、残額を当座預金口座から支払った。

21日　受取手形￥470,000 が決済され、当座預金口座に振り込まれた。

22日　水道光熱費￥77,000 と家賃￥360,000 が当座預金口座から引き落とされた。

26日　買掛金￥220,000 を当座預金口座から支払った。

27日　商品を購入する契約を締結し、手付金として現金￥40,000 を支払った。

借　方	勘定科目	貸　方
183,000	現金	
577,000	当座預金	
491,000	売掛金	
200,000	繰越商品	
240,000	仮払消費税	
1,200,000	備品	
2,700,000	土地	
	買掛金	593,000
	借入金	400,000
	仮受消費税	440,000
	貸倒引当金	300
	備品減価償却累計額	375,000
	資本金	2,000,000
	繰越利益剰余金	1,521,700
	売上	5,500,000
3,000,000	仕入	
1,800,000	給料	
300,000	支払家賃	
41,000	水道光熱費	
62,000	通信費	
24,000	保険料	
12,000	支払利息	
10,830,000		10,830,000

高との差額のうち￥2,100は通信費の記入漏れであることが判明したが、残額は不明のため、雑損または雑益として記載する。

2．売掛代金の当座預金口座への入金￥62,000の取引が、誤って借方・貸方ともに￥26,000と記帳されていたので、その修正を行った。

3．当月の水道光熱費￥3,500が当座預金口座から引き落とされていたが、未処理であった。

4．売掛金の期末残高に対して２％の貸倒引当金を差額補充法により設定する。

5．期末商品棚卸高は￥174,000である。

6．備品について、残存価額をゼロ、耐用年数を８年とする定額法により減価償却を行う。

7．消費税の処理（税抜方式）を行う。

8．借入金は×1年６月１日に借入期間１年、利率年６％で借り入れたもので、利息は11月末日と返済日に６か月分をそれぞれ支払うことになっている。利息の計算は月割による。

9．支払家賃のうち￥150,000は×1年11月１日に向こう６か月分を支払ったものである。そこで、前払分を月割により計上する。

5				

第２問（10点）

問１

補助簿／日付	現金出納帳	当座預金出納帳	商品有高帳	売掛金元帳（得意先元帳）	買掛金元帳（仕入先元帳）	仕入帳	売上帳	固定資産台帳
2日								
16日								
18日								
25日								

問２　¥（　　　　　　　　）の固定資産売却（　損　・　益　）

（注）（　）内の損か益のいずれかに○印をつけること。

	所得税預り金	
	貸倒引当金	40,000
	備品減価償却累計額	180,000
	資本金	1,500,000
	繰越利益剰余金	968,000
	売上	
	受取利息	
	仕入	
	給料	
	水道光熱費	
	支払家賃	
	支払手数料	
86,000	消耗品費	

第4問（10点）

①	②	③	④	⑤

損益計算書

×1年4月1日から×2年3月31日まで　　(単位：円)

費用	金額	収益	金額
売上原価	(　　)	売上高	(　　)
給料	(　　)		
貸倒引当金繰入	(　　)		
減価償却費	(　　)		
支払家賃	(　　)		
水道光熱費	(　　)		
通信費	(　　)		
保険料	(　　)		
雑(　　)	(　　)		
支払利息	(　　)		
当期純(　　)	(　　)		
	(　　)		(　　)

配送料			￥　30,000
据付費			￥　100,000
	合　　計		￥ 2,130,000

x8年11月30日までに合計額を下記口座へお振り込み下さい。
千代田銀行千代田支店　普通　7654321　ダイモンショウジ（カ

第２問（10点）

関甲信株式会社（決算年１回、３月31日）における次の取引にもとづいて、受取家賃勘定と前受家賃勘定の空欄①～⑤にあてはまる適切な語句または金額を答案用紙に記入しなさい。

x7年４月１日　前期決算日に物件Ａに対する今年度４月から７月までの前受家賃を計上していたので、再振替仕訳を行った。１か月分の家賃は￥100,000である。

x7年８月１日　物件Ａに対する向こう半年分の家賃（８月から１月まで）が当座預金口座に振り込まれた。１か月分の家賃に変更はない。

x7年９月１日　物件Ｂに対する向こう１年分の家賃が当座預金口座に振り込まれた。この取引は新規で、１か月分の家賃は￥130,000である。

x8年２月１日　物件Ａに対する向こう半年分の家賃（２月から７月まで）が当座預金口座に振り込まれた。今回から１か月分の家賃は￥110,000に値上げしている。

x8年３月31日　決算日を迎え、前受家賃を計上した。

（　①　）家　賃

（　）	（　　）	（　　）	（　）	（　　）	（　②　）
（　）	（　　）	（　　）	8/1	当座預金	（　　）
			9/1	当座預金	（　③　）
			2/1	当座預金	（　　）
		（　　）			（　　）

（　　）家　賃

4/1	（　　）	（　　）	4/1	前期繰越	（　　）
（　）	（　④　）	（　　）	（　）	（　　）	（　⑤　）
		（　　）			（　　）

22日　商品￥620,000を仕入れ、代金は掛けとした。

25日　得意先から掛代金￥2,050,000が普通預金口座へ振り込まれた。

〃　　仕入先へ掛代金￥1,700,000を普通預金口座から振り込んだ。

26日　普通預金口座から現金￥200,000を引き出した。

28日　家賃￥150,000および電話料金￥20,000が普通預金口座から引き落とされた。

30日　法人税等の中間納付として￥500,000を普通預金口座から納付した。

② 仮払金は全額、2月26日に支払った備品購入に係るものである。この備品は3月1日に納品され、同日から使用しているが、この記帳がまだ行われていない。

③ 現金過不足の原因を調査したところ、旅費交通費￥2,800の記帳漏れが判明したが、残額は原因不明のため雑損または雑益で処理する。

④ 当座預金勘定の貸方残高全額を当座借越勘定に振り替える。なお、当社は取引銀行との間に￥1,000,000を借越限度額とする当座借越契約を締結している。

⑤ 売掛金の期末残高に対して２％の貸倒引当金を差額補充法で設定する。

⑥ 期末商品棚卸高は￥568,000である。売上原価は「仕入」の行で計算する。

⑦ 建物および備品について、以下の要領で定額法による減価償却を行う。３月１日から使用している備品（上記②参照）についても同様に減価償却を行うが、減価償却費は月割計算する。

建物：残存価額ゼロ　耐用年数30年

備品：残存価額ゼロ　耐用年数５年

⑧ 借入金のうち￥1,200,000は、期間１年間、利率年３％、利息は元本返済時に１年分を支払う条件で、当期の12月１日に借り入れたものである。したがって、当期にすでに発生している利息を月割で計上する。

⑨ 保険料の前払分￥30,000を計上する。

問１　答案用紙の精算表を完成しなさい。

問２　決算整理後の**建物の帳簿価額**を答えなさい。

4				
5				

第２問（10点）

①	②	③	④	⑤

		受取利息	70,000	
	11,000,000	仕入		
	3,000,000	給料		
	40,000	通信費		
	50,000	租税公課		
	1,050,000	支払家賃		
	250,000	消耗品費		
	26,893,500		26,893,500	

第4問（10点）

問1

商品有高帳

A 商品

×8年		摘要	受入			払出			残高		
			数量	単価	金額	数量	単価	金額	数量	単価	金額
1	1										
	10										
	13										
	20										
	27										
	29										

問2

純売上高	売上原価	売上総利益
¥	¥	¥

貸倒引当金		8,600						
建物減価償却累計額		1,180,000						
備品減価償却累計額		300,000						
資本金		4,000,000						4,000,000
繰越利益剰余金		1,174,400						1,174,400
売上		8,670,000						
仕入	5,300,000							
給料	1,800,000							
通信費	26,800							
旅費交通費	94,000							
保険料	210,000							
支払利息	50,000							
	19,746,000	19,746,000						
雑（　　）								
当座借越								
貸倒引当金繰入								
減価償却費								
（　　）利息								
前払保険料								
当期純（　　）								

問2

¥（　　　　　　　）

	5	多摩商店からの仕入の引取運賃支払い		3,000	277,000
	14	臨時店舗売上げ	(　　　)		(　　　)
	15	普通預金口座へ入金		350,000	(　　　)
	25	返品運賃支払い（多摩商店負担、掛代金から差し引く）		2,000	(　　　)

売　上　帳

x8年		摘　　要		金　　額
2	14	臨時店舗売上げ	現金	
		チョコレート	40個　@ ¥ 10,000	400,000
	20	インターネット売上げ	掛	
		ビスケット	30個　@ ¥ 6,000	180,000

買掛金元帳
多摩商店

x8年		摘　　要	借　　方	貸　　方	残　　高
2	1	前月繰越		290,000	290,000
	5	仕入れ		200,000	490,000
	25	返品商品の代金、運賃	52,000		438,000
	27	普通預金口座から振込み	290,000		148,000

問　答案用紙の各日付の仕訳を示しなさい。ただし、勘定科目は、次の中から最も適当と思われるものを選び、正確に記入すること。なお、当月末（28日）に現金の帳簿残高と実際有高（¥ 326,000）の差額を現金過不足として処理している。

現　　金　　現金過不足　　売 掛 金　　立 替 金
買 掛 金　　仕　　入　　売　　上　　支払運賃

ら振り込んだ。

28日　水道光熱費 ￥12,000 および通信費 ￥9,000 が関東銀行の当座預金口座から引き落とされた。

決算整理前残高試算表

借方	勘定科目	貸方
310,000	現金	
550,000	普通預金	
770,000	売掛金	
650,000	仮払消費税	
440,000	繰越商品	
2,200,000	建物	
600,000	備品	
2,000,000	土地	
	買掛金	630,000
	借入金	1,500,000
	仮受金	69,400
	仮受消費税	1,001,000
	所得税預り金	18,000
	貸倒引当金	3,000
	建物減価償却累計額	200,000
	備品減価償却累計額	299,999
	資本金	3,000,000
	繰越利益剰余金	248,601
	売上	10,010,000
6,500,000	仕入	
2,200,000	給料	
200,000	法定福利費	
60,000	支払手数料	
150,000	租税公課	
100,000	支払利息	
250,000	その他費用	
16,980,000		16,980,000

1．仮受金は、得意先からの売掛金 ￥70,000 の振込みであることが判明した。なお、振込額と売掛金の差額は当社負担の振込手数料（問題の便宜上、この振込手数料には消費税が課されないものとする）であり、入金時に振込額を仮受金として処理したのみである。

2．売掛金の期末残高に対して貸倒引当金を差額補充法により１％設定する。

3．期末商品棚卸高は ￥400,000 である。

4．有形固定資産について、次の要領で定額法により減価償却を行う。

建物：耐用年数22年　残存価額ゼロ

備品：耐用年数 4年　残存価額ゼロ

なお、決算整理前残高試算表の備品 ￥600,000 のうち ￥200,000 は昨年度にすでに耐用年数をむかえて減価償却を終了している。そこで、今年度は備品に関して残りの ￥400,000 についてのみ減価償却を行う。

5．消費税の処理（税抜方式）を行う。

6．社会保険料の当社負担分 ￥10,000 を未払い計上する。

7．借入金は当期の12月１日に期間１年、利率年４％で借り入れたものであり、借入時にすべての利息が差し引かれた金額を受け取っている。そこで、利息について月割により適切に処理する。

8．未払法人税等 ￥200,000 を計上する。なお、当期に中間納付はしていない。

4				
5				

第２問（8点）

X8年		仕訳			
		借方科目	金額	貸方科目	金額
2	5				
	14				
	25				
	28				

		買掛金	330,000	
		電子記録債務	160,000	
		所得税預り金	7,000	
		建物減価償却累計額	580,000	
		資本金	5,000,000	
		繰越利益剰余金	906,000	
		売上	12,000,000	
	9,600,000	仕入		
	1,400,000	給料		
	50,000	支払手数料		
	87,000	通信費		
	110,000	水道光熱費		
		(　　　)		
	19,173,000		19,173,000	

第4問（12点）

ア	イ	ウ	エ	オ	カ

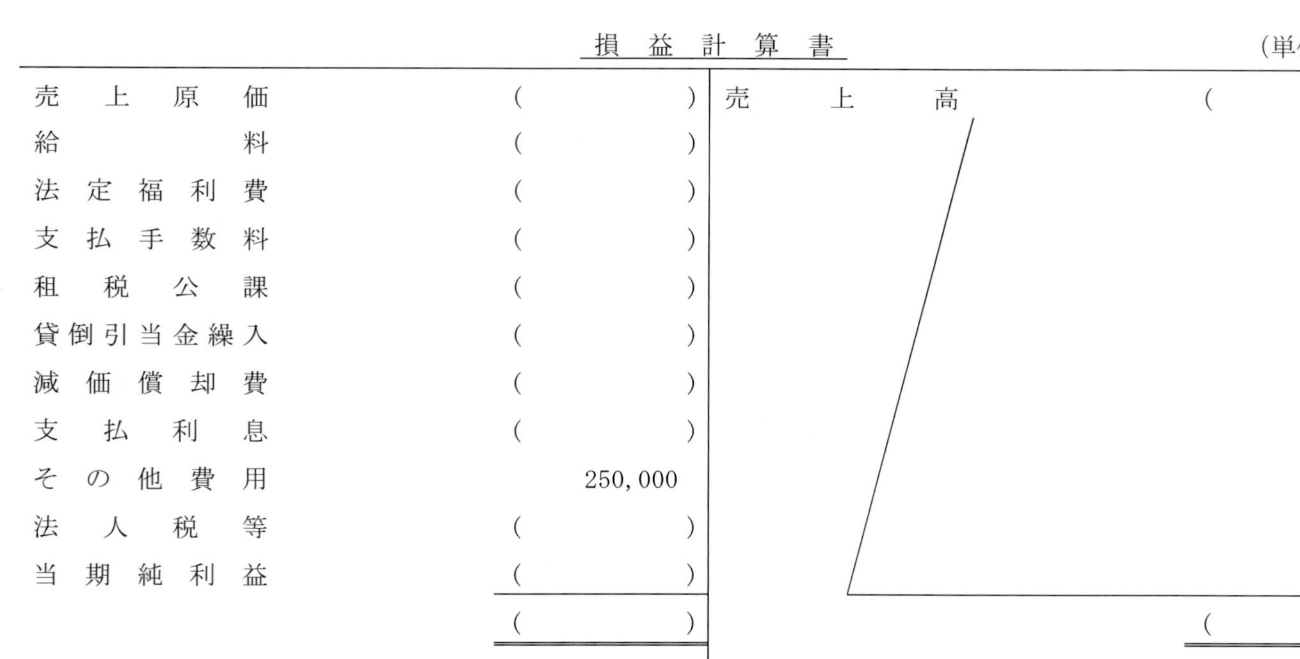

損　益　計　算　書　　　　(単位：円)

借方	金額	貸方	金額
売　上　原　価	(　　　)	売　上　高	(　　　)
給　　　料	(　　　)		
法定福利費	(　　　)		
支払手数料	(　　　)		
租　税　公　課	(　　　)		
貸倒引当金繰入	(　　　)		
減価償却費	(　　　)		
支　払　利　息	(　　　)		
その他費用	250,000		
法　人　税　等	(　　　)		
当期純利益	(　　　)		
	(　　　)		(　　　)

受験番号

氏名

第154回簿記検定試験答案用紙

3 級 ③

商 業 簿 記

採 点 欄	
第5問	

第５問（30点）

貸 借 対 照 表

（単位：円）

資産			負債・純資産	
現金		310,000	買掛金	630,000
普通預金		（　　）	（　　）消費税	（　　）
売掛金	（　　）		未払法人税等	（　　）
貸倒引当金	（△　　）	（　　）	（　　）費用	（　　）
商品		（　　）	借入金	（　　）
（　　）費用		（　　）	預り金	（　　）
建物	（　　）		資本金	（　　）
減価償却累計額	（△　　）	（　　）	繰越利益剰余金	（　　）
備品	（　　）			
減価償却累計額	（△　　）	（　　）		
土地		2,000,000		

受験番号

氏名

第154回簿記検定試験答案用紙

3 級 ②

商 業 簿 記

採 点 欄	
第3問	
第4問	

第３問（30点）

残 高 試 算 表

借方 2月28日	借方 1月31日	勘定科目	貸方 1月31日	貸方 2月28日
	126,000	現金		
	250,000	当座預金近畿銀行		
	390,000	当座預金関東銀行		
	100,000	受取手形		
	480,000	売掛金		
	270,000	電子記録債権		
	410,000	繰越商品		
	2,900,000	建物		
	3,000,000	土地		

受験番号

氏名

総　合　点

第154回簿記検定試験答案用紙

3　級　①

商　業　簿　記

採　点　欄	
第1問	
第2問	

第１問（20点）

	仕		訳	
	借　方　科　目	金　　額	貸　方　科　目	金　　額
1				
2				
3				

第154回簿記検定試験　問題

第４問（12点）

次の文章の（ア）から（カ）にあてはまる最も適切な語句を**[語群]**から選択し、**番号**で答えなさい。

1．前期以前に貸倒れとして処理した売掛金について、当期にその一部を回収したときは、その回収金額を収益勘定である（ア）勘定で処理する。
2．株式会社が繰越利益剰余金を財源として配当を行ったときは、会社法で定められた上限額に達するまでは一定額を（イ）として積み立てなければならない。
3．主要簿は、仕訳帳と（ウ）のことである。
4．すでに取得済みの有形固定資産の修理、改良などのために支出した金額のうち、その有形固定資産の使用可能期間を延長または価値を増加させる部分を（エ）支出という。
5．当期中に生じた収益合計から費用合計を差し引いて当期純利益（または当期純損失）を求める計算方法を（オ）という。
6．仕訳の内容を勘定口座に記入する手続きを（カ）という。

[語群]

① 資本金	② 総勘定元帳	③ 分記法	④ 転記	⑤ 合計残高試算表
⑥ 収益的	⑦ 損益法	⑧ 貸倒引当金戻入	⑨ 差入保証金	⑩ 資本的
⑪ 利益準備金	⑫ 決算	⑬ 精算表	⑭ 財産法	⑮ 償却債権取立益
⑯ 擬制的	⑰ 締切り	⑱ 受取手数料		

第５問（30点）

次の（１）決算整理前残高試算表および（２）決算整理事項等にもとづいて、答案用紙の貸借対照表および損益計算書を完成しなさい。なお、会計期間は４月１日から翌３月31日までの1年間である。

（１）

第3問（30点）

答案用紙の×7年1月31日の残高試算表と、[×7年2月中の取引]にもとづいて、答案用紙の×7年2月28日の残高試算表を完成しなさい。

[×7年2月中の取引]

1日　商品 ¥500,000 を掛けで仕入れ、当社負担の引取運賃 ¥20,000 を現金で支払った。
2日　商品 ¥800,000 を掛けで売り上げた。
4日　売掛金 ¥500,000 が近畿銀行の当座預金口座に振り込まれた。
5日　買掛金 ¥130,000 を近畿銀行の当座預金口座から支払った。
8日　商品 ¥390,000 を掛けで売り上げた。
9日　商品¥450,000を掛けで仕入れた。
10日　所得税の源泉徴収額 ¥7,000 を近畿銀行の当座預金口座から納付した。
11日　電子記録債権 ¥200,000 が決済され、関東銀行の当座預金口座に振り込まれた。
12日　電子記録債務 ¥120,000 が決済され、関東銀行の当座預金口座から支払われた。
17日　売掛金 ¥900,000 について、電子記録債権の発生記録が行われたとの連絡を受けた。
18日　前期からの電子記録債権 ¥10,000 が貸倒れとなった。貸倒引当金の残高はゼロである。
19日　買掛金 ¥700,000 について、電子記録債務の発生記録を行った。
22日　受取手形 ¥75,000 が決済され、近畿銀行の当座預金口座に振り込まれた。
23日　関東銀行の当座預金口座から近畿銀行の当座預金口座に ¥50,000 を送金した。
24日　支払手形 ¥170,000 が決済され、近畿銀行の当座預金口座から引き落とされた。

第154回簿記検定試験　問題

第１問（20点）

下記の各取引について仕訳しなさい。ただし、勘定科目は、次の中から最も適当と思われるものを選び、正確に記入すること。

現金	普通預金	受取手形	売掛金	前払金
仮払消費税	仮払金	受取商品券	備品	支払手形
買掛金	前受金	仮受消費税	借入金	備品減価償却累計額
資本金	売上	受取手数料	受取利息	固定資産売却益
仕入	旅費交通費	消耗品費	支払利息	固定資産売却損

1．秋田株式会社に対する買掛金 ￥270,000 の決済として、同社あての約束手形を振り出した。
2．商品 ￥16,000 を売り上げ、消費税 ￥1,600 を含めた合計額のうち ￥7,600 は現金で受け取り、残額は共通商品券を受け取った。なお、消費税は税抜方式で記帳する。
3．従業員が事業用のＩＣカードから旅費交通費 ￥2,600 および消耗品費 ￥700 を支払った。なお、ＩＣカードのチャージ(入金)については、チャージ時に仮払金勘定で処理している。
4．不用になった備品(取得原価 ￥660,000、減価償却累計額 ￥561,000、間接法で記帳)を ￥3,000 で売却し、売却代金は現金で受け取った。
5．普通預金口座に利息 ￥300 が入金された。

第２問（8点）

次の現金出納帳、売上帳および買掛金元帳の記入にもとづいて、下記の問に答えなさい。

現金出納帳

x8年	摘要	収入	支出	残高

受験番号

氏名

第153回簿記検定試験答案用紙

3 級 ③

商 業 簿 記

採 点 欄	
第5問	

第５問（30点）

問１

精 算 表

勘定科目	残高試算表		修正記入		損益計算書		貸借対照表	
	借方	貸方	借方	貸方	借方	貸方	借方	貸方
現金	135,000							
現金過不足	3,200							
普通預金	1,630,000							
当座預金		468,000						
売掛金	880,000							
仮払金	420,000							
繰越商品	697,000							
建物	3,600,000							
備品	500,000							
土地	4,400,000							
買掛金		745,000						

受験番号

氏名

第153回簿記検定試験答案用紙

3級 ②

商業簿記

採点欄	
第3問	
第4問	

第3問（30点）

残高試算表

借方		勘定科目	貸方	
11月30日	10月31日		10月31日	11月30日
	543,500	現金		
	3,160,000	普通預金		
	300,000	電子記録債権		
	2,100,000	売掛金		
	1,300,000	繰越商品		
		(　　)法人税等		
	2,000,000	貸付金		
	1,500,000	備品		
	600,000	差入保証金		
		買掛金	1,700,000	
		所得税預り金	18,000	
		備品減価償却累計額	800,000	
		資本金	7,000,000	
		(　　)		
		繰越利益剰余金	1,105,500	

受験番号

氏名

総　合　点

第153回簿記検定試験答案用紙

3　級　①

商　業　簿　記

採　点　欄	
第1問	
第2問	

第１問（20点）

	仕		訳	
	借　方　科　目	金　　額	貸　方　科　目	金　　額
1				
2				

第153回簿記検定試験　問題

第４問（10点）

次の１月におけるＡ商品に関する**[資料]**にもとづいて、下記の**問**に答えなさい。なお、払出単価の決定方法として、移動平均法を用いるものとする。

[資料]

１月１日	前月繰越	60個	@￥ 1,000
10日	仕　　入	240個	@￥ 990
13日	売　　上	250個	@￥ 1,800
20日	仕　　入	350個	@￥ 960
27日	売　　上	310個	@￥ 1,750
29日	売上返品27日に売り上げた商品のうち品違いのため10個返品（受入欄に記入すること）		

問１　答案用紙の商品有高帳（Ａ商品）を作成しなさい。なお、商品有高帳は締め切らなくて良い。

問２　１月のＡ商品の純売上高、売上原価および売上総利益を答えなさい。

第５問（30点）

次の**[決算整理事項等]**にもとづいて、**問**に答えなさい。当期は×7年4月1日から×8年3月31日までの１年間である。

[決算整理事項等]

①　売掛金￥150,000が普通預金口座に振り込まれていたが、この記帳がまだ行われていない。

第3問（30点）

答案用紙のx7年10月31日の残高試算表と次の[x7年11月中の取引]にもとづいて、答案用紙の11月末の残高試算表を作成しなさい。

[x7年11月中の取引]

2日　商品￥800,000を仕入れ、代金は掛けとした。

3日　先月の売上に関する請求書を得意先へ送付し、郵送代金￥500を現金で支払った。

4日　収入印紙￥20,000および郵便切手￥10,000を現金で購入し、費用処理した。

5日　商品￥400,000を売り上げ、代金は掛けとした。

6日　請求書を送付した得意先のうち1社より連絡があり、商品販売の契約を行ったが未販売であった￥50,000を先月に当社で売上処理していたことが判明した。そこで、同額の売上および掛代金を減らす処理を行った。

7日　臨時で株主総会を開催し、繰越利益剰余金を次のとおり処分することが承認された。なお、株主配当金はただちに普通預金口座から振り込んだ。

株主配当金：￥400,000　　利益準備金の積立て：￥40,000

8日　売掛金￥400,000について、当社の取引銀行を通じて電子記録債権の発生記録が行われたとの連絡を受けた。

10日　所得税の源泉徴収額￥18,000を普通預金口座から納付した。

12日　商品￥1,500,000を売り上げ、代金は掛けとした。

15日　電子記録債権￥300,000が決済され、同額が普通預金口座へ振り込まれた。

16日　貸付金の元本￥200,000と利息￥5,000の合計額が普通預金口座へ振り込まれた。

20日　従業員の給料￥400,000を支給する際、所得税の源泉徴収額￥16,000を差し引いた残額を普通預金口座から

第153回簿記検定試験　問題

3級①　商 業 簿 記

第１問（20点）

下記の各取引について仕訳しなさい。ただし、勘定科目は、次の中から最も適当と思われるものを選び、正確に記入すること。

現金	当座預金	普通預金	受取手形	売掛金
前払金	貯蔵品	備品	貸付金	支払手形
買掛金	未払金	前受金	社会保険料預り金	借入金
売上	受取手数料	受取利息	仕入	支払手数料
発送費	通信費	法定福利費	租税公課	支払利息

1．収入印紙￥30,000、郵便切手￥3,000を購入し、いずれも費用として処理していたが、決算日に収入印紙￥10,000、郵便切手￥820が未使用であることが判明したため、これらを貯蔵品勘定に振り替えることとした。

2．従業員にかかる健康保険料￥90,000を普通預金口座から納付した。このうち従業員負担分￥45,000は、社会保険料預り金からの支出であり、残額は会社負担分である。

3．以前注文をうけていた商品￥3,000,000を引き渡し、受注したときに手付金として受け取っていた￥600,000を差し引いた金額を掛けとした。また、先方負担の発送費￥20,000を現金で支払い、これを掛代金に含めることとした。

4．取引銀行から借り入れていた￥2,000,000の支払期日が到来したため、元利合計を当座預金口座から返済した。なお、借入れにともなう利率は年2.19％であり、借入期間は150日であった。利息は1年を365日として日割計算する。

5．オフィスのデスクセットを購入し、据付作業ののち、次の請求書を受け取り、代金は後日支払うこととした。

請　求　書

日商株式会社　御中

大門商事株式会社

品　物	数量	単　価	金　額

受験番号

氏名

第152回簿記検定試験答案用紙

3 級 ③

商 業 簿 記

採 点 欄	
第5問	

第5問 (30点)

貸 借 対 照 表

X2年3月31日 (単位：円)

借方科目			貸方科目	
現金		(　　)	買掛金	(　　)
当座預金		(　　)	借入金	(　　)
売掛金	(　　)		(　　)消費税	(　　)
貸倒引当金	(△　　)	(　　)	未払費用	(　　)
商品		(　　)	資本金	(　　)
(　　)費用		(　　)	繰越利益剰余金	(　　)
備品	(　　)			
減価償却累計額	(△　　)	(　　)		
土地		(　　)		
		(　　)		(　　)

受験番号

氏名

第152回簿記検定試験答案用紙

3　級　②

商　業　簿　記

採　点　欄	
第3問	
第4問	

第３問（30点）

残　高　試　算　表

X1年９月30日

借　方	勘　定　科　目	貸　方
	現　金	
	当座預金	
	受取手形	
	クレジット売掛金	
	前払金	
	繰越商品	
600,000	備　品	
	差入保証金	
	支払手形	
	買掛金	

受験番号

氏名

総合点

第152回簿記検定試験答案用紙

3 級 ①

商業簿記

採点欄	
第1問	
第2問	

第１問（20点）

	仕		訳	
	借方科目	金額	貸方科目	金額
1				
2				
3				

第152回簿記検定試験　問題

3 級③ 商 業 簿 記

第４問（10点）

次の各取引の伝票記入について、空欄①～⑤にあてはまる適切な語句または金額を答えなさい。ただし、当社では３伝票制を採用している。また、全額を掛取引として起票する方法と取引を分解して起票する方法のいずれを採用しているかについては、取引ごとに異なるため、各伝票の記入から各自判断すること。

⑴　商品を¥500,000で売り上げ、代金のうち¥50,000については現金で受け取り、残額は掛けとした。

（　①　）伝　票

科　　目	金　　額
（　　　）	（　②　）

振　替　伝　票

借方科目	金　　額	貸方科目	金　　額
（　③　）	500,000	売　　上	500,000

⑵　商品を¥300,000で仕入れ、代金のうち¥30,000については現金で支払い、残額は掛けとした。

（　　　）伝　票

科　　目	金　　額
仕　　入	（　　　）

振　替　伝　票

借方科目	金　　額	貸方科目	金　　額
（　④　）	（　　　）	（　　　）	（　⑤　）

第５問（30点）

次の（１）決算整理前残高試算表と（２）決算整理事項等にもとづいて、答案用紙の貸借対照表と損益計算書を完成しなさい。消費税の仮受け・仮払いは、売上取引・仕入取引のみで行うものとし、（２）決算整理事項等の７．以外は消費税を考慮しない。なお、会計期間は×1年４月１日から×2年３月31日までの１年間である。

（１）

第152回簿記検定試験　問題

第３問（30点）

次の［**資料1**］および［**資料2**］にもとづいて、答案用紙の×1年９月30日の残高試算表を作成しなさい。

［**資料1**］　×1年８月31日の残高試算表

残高試算表

×1年８月31日

借方	勘定科目	貸方
344,000	現金	
1,359,000	当座預金	
650,000	受取手形	
780,000	クレジット売掛金	
75,000	前払金	
360,000	繰越商品	
300,000	貸付金	
600,000	備品	
200,000	差入保証金	
	支払手形	376,000
	買掛金	529,000
	所得税預り金	20,000
	貸倒引当金	40,000
	備品減価償却累計額	180,000
	資本金	1,500,000
	繰越利益剰余金	968,000
	売上	7,600,000
3,300,000	仕入	
1,600,000	給料	

第152回簿記検定試験　問題

第1問（20点）

下記の各取引について仕訳しなさい。ただし、勘定科目は、次の中から最も適当と思われるものを選び、正確に記入すること。

普通預金	当座預金	受取手形	売掛金	立替金
仮払金	手形貸付金	建物	備品	土地
支払手形	買掛金	未払金	手形借入金	資本金
給料	消耗品費	旅費交通費	租税公課	支払利息

1. 建物および土地の固定資産税￥500,000の納付書を受け取り、未払金に計上することなく、ただちに当座預金口座から振り込んで納付した。
2. かねて手形を振り出して借り入れていた￥1,000,000の返済期日をむかえ、同額が当座預金口座から引き落とされるとともに、手形の返却を受けた。
3. 従業員が出張から帰社し、旅費の精算を行ったところ、あらかじめ概算額で仮払いしていた￥50,000 では足りず、不足額￥25,000 を従業員が立替払いしていた。なお、この不足額は次の給料支払時に従業員へ支払うため、未払金として計上した。
4. 1株当たり￥100,000 で 15 株の株式を発行し、合計￥1,500,000 の払込みを受けて株式会社を設立した。払込金はすべて普通預金口座に預け入れられた。

受験番号

氏名

第４回予想問題　答案用紙

３　級　④

商　業　簿　記

採　点　欄	
第5問	

第５問（30点）

精　　算　　表

勘定科目	試算表		修正記入		損益計算書		貸借対照表	
	借方	貸方	借方	貸方	借方	貸方	借方	貸方
現金	24,200							
当座預金	134,200							
売掛金	3,070,000							
繰越商品	105,000							
仮払消費税	91,000							
建物	800,000							
備品	300,000							
買掛金		90,000						
仮受消費税		168,000						
貸倒引当金		45,000						
建物減価償却累計額		368,000						
備品減価償却累計額		100,000						

受験番号

氏名

第4回予想問題　答案用紙

3　級　③

商　業　簿　記

採　点　欄	
第4問	

第4問（10点）

問1

商　品　有　高　帳

A　商　品

（移動平均法）

×2年		摘　要	受入			払出			残高		
			数量	単価	金額	数量	単価	金額	数量	単価	金額
9	1	前月繰越	150	400	60,000				150	400	60,000

受験番号

氏名

第4回予想問題　答案用紙
3　級　②
商　業　簿　記

採点欄	
第3問	

第3問（30点）

合計残高試算表

x2年11月30日

借方		勘定科目	貸方	
残高	合計		合計	残高
		現金		
		当座預金南関東銀行		
		当座預金北東京銀行		
		売掛金		
		電子記録債権		
		繰越商品		
		前払金		
		立替金		
		貸付金		
		備品		